Im Alltag verwenden wir den Begriff des Sinnes in einer für jedermann verständlichen Weise. In unserem privaten Leben sprechen wir davon, daß unser Dasein einen Sinn besitzt, wenn dieses Inhalte, Zwecke, Ziele enthält, wofür es sich zu leben lohnt. Menschen sind – zumindest prima vista – zielsetzende Wesen; sie planen, schauen voraus, gestalten die Zukunft. Unter einem sinnerfüllten Leben versteht man gewöhnlich eines, bei dem ein Mensch alle seine inneren Freiheitsgrade, seine Anlagen und Dispositionen in der Welt einsetzen konnte. Wenn man im lebensweltlichen Kontext von Sinn spricht, meint man, daß Ideale, Pläne, Träume nicht ausschließlich Wunschvorstellungen geblieben sind. Der Sinn selbst enthüllt sich dabei zumeist gegen Ende des Lebens. Im Alter blickt man zurück und schätzt den Lauf, die Fülle und die Intensität des persönlichen Erlebens ab. Wenn wir wenigstens einen Teil unserer Ziele erreicht haben, werden die meisten überzeugt sein, daß wir wirklich gelebt haben.

Aus welcher Quelle fließt aber nun diese Bedeutungshaftigkeit, ist es eine außerweltliche Instanz, wie es uns die Religionen lehren, hat das Universum selbst einen objektiven Sinn, oder sind wir letztlich doch auf uns selbst verwiesen, wenn wir unsere fundamentalen Leitmotive suchen? Das Buch soll einen Beitrag dazu liefern, wie man sich in einer von der wissenschaftlichen Rationalität durchdrungenen Welt orientieren kann.

Bernulf Kanitscheider, geb. 1939 in Hamburg. Dr. phil., Professor der Philosophie der Naturwissenschaften am Zentrum für Philosophie und Grundlagen der Wissenschaft an der Justus-Liebig-Universität Gießen.

insel taschenbuch 1748
Bernulf Kanitscheider
Auf der Suche nach dem Sinn

Bernulf Kanitscheider
Auf der Suche nach dem Sinn

Insel Verlag

insel taschenbuch 1748
Erste Auflage 1995
Originalausgabe
© Insel Verlag Frankfurt am Main und Leipzig 1995
Alle Rechte vorbehalten
Vertrieb durch den Suhrkamp Taschenbuch Verlag
Umschlag nach Entwürfen von Hermann Michels
Satz: Fotosatz Otto Gutfreund, Darmstadt
Druck: Nomos Verlagsgesellschaft, Baden-Baden
Printed in Germany

1 2 3 4 5 – 99 98 97 96 95

Inhalt

I. Die Bedeutung von Sinn
11

II. Sinn und Telos
19

III. Objektivierbarkeit von Sinn
33

IV. Der Ort des Menschen
37

V. Entzauberung
52

VI. Illusionen
67

VII. Feinabstimmung – woher, wohin, wozu?
87

VIII. Leben in einem sinnleeren Universum
116

Caminante, son tus huellas el camino, y nada más; Caminante, no hay camino, se hace camino al andar.
Al andar se hace camino y al volver la vista atrás se ve la senda que nunca se ha de volver de pisar.
Caminante, no hay camino sino estelas en la mar.[1]

Antonio Machado

In einem Brief an Marie Bonaparte vom 13. August 1937 schreibt Sigmund Freud den bemerkenswerten Satz:

»Im Moment, da man nach Sinn und Wert des Lebens fragt, ist man krank, denn beides gibt es ja in objektiver Weise nicht; man hat nur eingestanden, daß man einen Vorrat von unbefriedigter Libido hat, und irgend etwas anderes muß damit vorgefallen sein, eine Art Gärung, die zur Trauer und Depression führt.«[2]

Für das naturwüchsige Selbstbewußtsein eines in der Fülle des Lebens stehenden Menschen, der sich mit der Welt auseinandersetzen muß, hat Freud sicher recht. Nichts stört mehr die Bewältigung von Alltagsproblemen als die intensive Wendung zur Frage, warum und wozu das alles. Aber war die Philosophie mit ihrer starken Selbstreflexion nicht immer schon ein bißchen morbid? Sollte es nicht erlaubt sein, sich die philosophische Krankheit der Sinnsuche wenigstens für eine kurze Zeit zu leisten?

I. Die Bedeutung von Sinn

Im Alltag verwenden wir den Begriff des Sinnes in einer für jedermann verständlichen Weise. In unserem privaten Leben sprechen wir davon, daß unser Dasein einen Sinn besitzt, wenn dieses Inhalte, Zwecke, Ziele enthält, wofür es sich zu leben lohnt. Menschen sind – zumindest prima vista – zielsetzende Wesen; sie planen, schauen voraus, gestalten die Zukunft. Unter einem sinnerfüllten Leben versteht man gewöhnlich eines, bei dem ein Mensch alle seine inneren Freiheitsgrade, seine Anlagen und Dispositionen in der Welt einsetzen konnte. Wenn man im lebensweltlichen Kontext von Sinn spricht, meint man, daß Ideale, Pläne, Träume nicht ausschließlich Wunschvorstellungen geblieben sind. Der Sinn selbst enthüllt sich dabei zumeist gegen Ende des Lebens. Im Alter blickt man zurück und schätzt den Lauf, die Fülle und die Intensität des persönlichen Erlebens ab. Wenn wir wenigstens einen Teil unserer Ziele erreicht haben, werden die meisten überzeugt sein, daß wir wirklich gelebt haben. »Confieso que he vivido« [ich bekenne, ich habe gelebt] nennt der chilenische Dichter Pablo Neruda die Erinnerungen seines Lebens,[3] und die Fülle seiner Erfahrungen und Erlebnisse, die er berichtet, lassen ihn davon sprechen, daß er zufrieden war mit der Reichhaltigkeit an Geschehnissen und Begebenheiten seines Lebenslaufes. Allerdings wissen wir, daß nicht alle reflektierenden Menschen zu dieser positiven Bilanzierung gelangen konnten, auch wenn sie im Leben Erfolg hatten. Arthur Schopenhauer oder Leo Tolstoi waren fixiert vom Lebensende, sie vermochten sich nicht auf die lebensimmanente Perspektive einzulassen, sie kamen gar nicht dazu abzuschätzen, wie Glück und Unglück, Erfolg und Mißerfolg, Liebe und Leid im Laufe ihres Lebens verteilt waren, weil sie ausschließlich die Endlichkeit im Blickfeld hatten. Tolstoi war besessen von der Idee, die er wie eine notwendige Wahrheit behandelte, daß nichts wirklich bedeutungshaftig ist, wenn es nicht ewigen Bestand besitzt oder doch zumindest zu etwas anderem führt, das bleibt. Tatsächlich ist dies jedoch keine notwendige Wahrheit, sondern eine spezielle persönliche Option. Man kann dies dadurch einsehen, daß man ihr die antagonistische Option entgegenstellt, wonach es gerade die *Sterblichkeit* ist, die das Leben kostbar, einmalig und wertvoll macht.[4] Man kann den Pessimisten, der das Leben nach den Maßstäben der Ewigkeit beurteilt, nicht widerlegen.[5] Sicher ist es jedoch ein Fehlschluß zu behaupten, daß deshalb menschliches Leben, nach gewöhnlichen Maßstäben beurteilt, niemals von Wert sein kann. In die Wertung und Gewichtung des Lebens geht also in jedem Fall eine Setzung ein, die auf einem subjektiven Ermessen gründet, das vermutlich in den emotiven Zentren des Menschen verankert ist. Die Wahl der Perspektive, das Bezugssystem der Bilanzierung von Sinn, gründet im Personkern, den niemand sich frei wählen kann und der ihm von der Natur als Disposition mitgegeben wird.

Soviel sieht man also schon jetzt, was ein Mensch als Sinn betrachtet und ob er zu einer positiven oder negativen Bilanzierung kommt, hat sehr individuellen Charakter. Sinnurteile scheinen kaum intersubjektiv faßbar, weil die zugrundeliegenden Werte vermutlich in den stark variierenden Anlagen des Einzelnen gründen.

I. Die Bedeutung von Sinn

Führen wir uns nun Persönlichkeiten vor Augen, die von ihren Lebensperspektiven Bericht gegeben haben: Aristoteles spricht es immer wieder an, daß die wahre Lebenserfüllung in der theoretischen Erkenntnis des Weltalls besteht.[6] Albert Schweitzer stellt das Erleben der Welt und das Gefühl der Ehrfurcht vor dem Leben, das ihn zu seinem opferbereiten Lebenswerk motiviert hat, in den Mittelpunkt der Sinngebung.[7] Julien Offray de Lamettrie hingegen sieht das höchste Gut, das dem Leben sein Zentrum und seine Motive verleiht, in allem, was unser angeborenes Streben nach Wohlbefinden fördert, unterhält, nährt oder anregt.[8] Alle drei sehen den erstrebenswerten Lebensinhalt in grundsätzlich verschiedenen Zielen, die wir mit den folgenden Begriffen umreißen können: das Schauen, das Helfen und das Lieben. Alle drei Menschen sind Bindungen an bestimmte Ideale eingegangen, denen Wertungen zugrunde liegen. Diese Werte haben ihrem Leben einen individuellen Sinn verliehen, und es ist zu vermuten, daß solche Gewichtungen von Handlungstypen, die der Einzelne für erstrebenswert erachtet, letzten Endes von den speziellen Prädispositionen der Gefühlszentren des Gehirns abhängen. Die Menschen suchen sich ziemlich sicher ihre Lebensschwerpunkte und ihr Wertsystem nicht rein kulturell determiniert aus, sondern wählen nach anlagebedingten Neigungen aus dem kulturell verfügbaren Angebot. Dabei stoßen sie aber gelegentlich auch an die gesellschaftlich tolerierten Grenzen, wie der Fall des Marquis de Sade zeigt, der bei der Durchsetzung seiner Sinnvorstellungen des Lebens auf große Hindernisse auflaufen mußte, weil das 18. Jahrhundert dem Freigeist und Individualisten nicht den Spielraum für die

Realisation seiner damals ungewöhnlichen Lebensform gewähren wollte. Die Unabänderlichkeit und seine weder durch kulturelle Einflüsse noch durch jahrelange Kerkerhaft zu beugende Lebenseinstellung charakterisiert der Marquis in einem Brief an seine Frau vom November 1783:

»... ich bin herrschsüchtig, jähzornig, heißblütig, extrem in allem, von einer beispiellosen Zügellosigkeit der Phantasie und der Lebensführung, Atheist bis zum Fanatismus, mit einem Wort, so bin ich, und noch einmal, tötet mich oder nehmt mich wie ich bin, denn ändern werdet ihr mich nicht.«[9]

Dies weist auf die starke Bedingtheit von Lebenssinn durch Naturell und Charakter hin, mit geringer rationaler Steuerbarkeit durch intellektuelle Einsicht. Die Überzeugung des darin zum Ausdruck kommenden gleichsam biologischen Determinismus des Marquis de Sade geht auf seinen philosophischen Lehrmeister Lamettrie zurück, der sich seinerseits auf ein berühmtes Wort von Montaigne beruft:

»Alle meine Handlungen stimmen mit dem überein, was ich bin und wie ich bin; es gibt nichts, das ich besser machen könnte. Wenn ich noch einmal leben würde, dann so, wie ich gelebt habe.«[10]

Die Nennung geistesgeschichtlicher einflußreicher Persönlichkeiten darf uns nicht zur Annahme verführen, daß der Sinnbegriff ausschließlich an die Erfüllung einer hohen kulturellen Aufgabe zu binden ist. Auch derjenige, dem es nicht gegeben ist, eine gesellschaftlich akzeptierte oder gar hochgeschätzte Funktion auszuüben, kann seine Sinnerfüllung finden. Im normalen Fall der schlichten

I. Die Bedeutung von Sinn

Alltagsexistenz ist es nur erforderlich, daß ein oder mehrere Lebensziele bewußt aufgefaßt wurden und daß sich der Betreffende mit Engagement und Nachhaltigkeit für die Erreichung derselben einsetzt. Eine Mutter, die vier Kinder zu funktionsfähigen Mitgliedern der Gemeinschaft gemacht hat, wird mit ähnlicher Befriedigung auf »ihr Werk« blicken wie ein Dichter auf sein literarisches Schaffen.

In all diesen Fällen haben wir von einem Sinnbegriff Gebrauch gemacht, der sich nicht auf die zwei zentralen metaphysischen Grundannahmen der abendländischen Tradition stützt, nämlich daß das menschliche Leben Teil eines göttlich geordneten kosmischen Planes ist und daß den Menschen nach dem Tode ein höheres, ewiges Leben erwartet. Es handelt sich um eine säkulare lebensweltliche Verwendung von Sinn, die logisch unabhängig von einer möglichen transzendenten Dimension von jedem Menschen beliebiger metaphysischer Orientierung verstanden werden kann. Ein Agnostiker kann genauso wie ein überzeugter Theist auf sein erfülltes Leben zurückblicken. Dies ist wichtig zu betonen angesichts der in religiösen Kreisen dominanten Vorstellung, daß der Sinnbegriff letztlich seine Bedeutung ausschließlich in der Begegnung des Menschen mit einem Unbedingten, einem außerweltlichen Wesen entfalten kann. Wir werden uns gegen Ende der Überlegungen damit befassen, welche inhaltliche Ausfüllung man dem Sinnbegriff geben kann, wenn man sich ausschließlich auf die innerweltlich naturalistische Dimension der Realität beschränkt.

Erst einmal, das sollten diese Beispiele zeigen, besteht kein Zweifel, daß wir den Sinnbegriff auf der Ebene des menschlichen Handelns anwenden dürfen, ohne wesentliche Konfusionen zu erzeugen. Wir verstehen auch im Alltag ohne philosophische Explikationen, was gemeint ist. Wir verwechseln diesen Sinnbegriff auch nicht mit der Bedeutungshaftigkeit eines sprachlichen Ausdruckes. Semantische Bedeutungen, also der Sinn von Wörtern, von Sätzen und von Kontexten, sind deutlich abgehoben, sowohl von der terrestrischen Bedeutung der Sinnhaftigkeit des Lebens eines Individuums als auch von der im folgenden zu diskutierenden kosmischen Sinnbeladenheit des Universums, das einem geplanten Endziel entgegenstrebt. Sprachlicher Sinn hat seine Funktion bei derartigen Überlegungen nur insofern, als wir ja gerade herausfinden wollen, ob manche Rede von Sinn einfach auf gedanklicher Verwirrung beruht oder ob dahinter ein kohärenter vermittelbarer Gedankengang zu finden ist. Die analytische Philosophie hat sich ja gerade bemüht, durch logische und linguistische Untersuchungen herauszufinden, ob nicht hinter tiefsinnig klingenden metaphysischen Problemen eine sprachliche Konfusion verborgen ist.

Sinnfragen haben oftmals die sprachliche Form der Neugierde nach dem Zweck: Zu welchem Ende leben wir; leben wir, um zu arbeiten, oder arbeiten wir, um zu leben? Die Frage »Wozu« klingt teleologisch.

Hier könnte jemand der Meinung sein, daß die Existenz eines Sinnes an die Teleologieproblematik geknüpft ist. Es ist jedoch nicht einzusehen, daß Lebenserfüllung oder Scheitern von Lebensplänen an ein materiales Telos gebunden sind.

Die Sinnhaftigkeit oder Sinnlosigkeit des Lebens ist sicher nicht von der Tatsache betroffen, daß die teleologi-

I. Die Bedeutung von Sinn

sche Sprechweise im Prinzip von der Psychologie in die Sprache eines Kausalzusammenhanges übertragbar ist. Die emotionalen Zustände und auch die Umsetzungen der Wünsche in Handlungen werden dabei auf physiologische Abläufe reduziert. Die naturwissenschaftliche Psychologie beschreibt Wünsche und Intentionen als neuronale Zustände, deren Veränderung Kausalgesetzen folgt. Dennoch empfindet das zwecksetzende Individuum die Ziele als autonome Entitäten, die sein Handeln lenken und führen. Der in der Lebenswelt handelnde Mensch muß alles dies jedoch nicht wissen, wenn er seine Ziele anstrebt. Für die mentalen Prozesse ist es charakteristisch, daß sie selbst nicht kausal transparent sind. Die ganze neuronale Maschinerie, die im Hintergrund der psychischen Vorgänge arbeitet, bleibt für den Handelnden im dunkeln. Für die Alltagsverwendung von Sinn bedeutet dies kein Hindernis. Der Begriff Sinn kann guten Gewissens in der Alltagsrealität gebraucht werden, auch wenn seine teleologische Bedeutung strenggenommen eine Illusion darstellt, weil all diesen Erlebnisphänomenen kausale Prozesse zugrunde liegen.

Für das erste ist jedenfalls festzuhalten, daß keine ontologisch verstandene materiale Teleologie notwendig ist, um die Frage »Wozu leben wir« in Angriff zu nehmen. Ebenso gilt, daß auch bei Fehlen eines globalen teleologischen Planes des Universums, dem entsprechend eine übermenschliche Intelligenz den gesamten Ablauf des Kosmos gestaltet, es lokale lebensimmanente Zielvorstellungen geben kann, die vernünftigerweise als Sinn angesprochen werden können. Wenn wir der Kürze halber einmal von *lokalem* und *globalem* Sinn sprechen, wenn wir das terrestrische Ziel des Individuums bzw. den kosmischen Plan eines transzendenten Wesens meinen, so können wir das eben Gesagte auch dahingehend ausdrücken, daß diese beiden Arten der Sinnhaftigkeit nicht notwendig logisch verbunden sind. Auch ein Mensch, der sich Zeit seines Lebens irdischen Zielen wie dem Fortschritt der Wissenschaft, dem Einsatz in der medizinischen Praxis oder der Durchführung einer Sozialreform gewidmet hat, hat ein lokal-terrestrisches Ziel verfolgt, das seinen Sinn behält, auch wenn es die globale teleologische Einbettung nicht gibt. Ob es nun aber in der Natur objektive Zweckhaftigkeit gibt, ist erst einmal nach dem Stand des heutigen Wissens zu untersuchen.

II. Sinn und Telos

Die Frage, die uns also im folgenden interessiert, ist, ob es auf der Ebene der nichtmentalen Realität ein objektives Analogon zum persönlichen Sinn der menschlichen Existenz gibt, wie wir ihn eben expliziert haben. Man tut gut daran, diese Frage für die verschiedenen Realitätsbereiche aufzuspalten, denn es ist ja durchaus möglich, daß Sinn sich in der Welt der mittleren Größenordnungen offenbart, auch wenn er auf der kosmischen Ebene nicht zu finden ist.

Kontrovers war schon immer die Frage, ob hinter dem Ablauf der *Geschichte* ein tieferer Sinn steckt, ob ein Weltgeist die Geschicke der Menschen nach einem Plan lenkt oder ob irgendein anderer verborgener Parameter die politischen und sozialen Veränderungen führt. Karl Popper hat mehrfach darauf hingewiesen,[11] daß diese Art von zielgerichteter Entwicklung aus logischen Gründen unmöglich ist. Die soziale, politische und ökonomische Geschichte hängt entscheidend von den zukünftigen wissenschaftlichen Entdeckungen ab. Diese können aber grundsätzlich nicht vorweggenommen werden, wie man leicht einsieht, sonst handelte es sich eben nicht um zukünftiges, sondern um heutiges Wissen. Poppers Argument erscheint vielleicht nicht so zwingend, weil es ja dann nur dem Menschen selber verwehrt wäre, den Sinn der Geschichte zu entdecken, obwohl dieser auf der spirituellen Ebene des Weltgeistes durchaus existieren könnte.

Jedoch gibt es noch einen weiteren Grund, der selbst die Voraussage von schwachen Trends in Richtung auf zukünftiges Problemlösen auch für einen transmundanen Geist unmöglich macht. Da hinter den individuellen Einfällen der Forscher kausal unreduzierbare stochastische Prozesse in der Neurochemie des Gehirns stecken, lassen sich auch Tendenzen nicht abschätzen, wann in einem Wissenschaftler der zündende Funke für die Lösung eines offenen Problems entsteht. Auch ein Dämon oder Weltgeist kann nicht verborgene Parameter zur Prognose einsetzen, die auf Grund empirisch bewährter Gesetze nicht existieren können. In Hinblick auf diesen Indeterminismus im Entdeckungsprozeß ist es logisch undurchführbar, den Lauf der Geschichte vorherzusagen.

Dazu kommt, daß auch in der politischen Geschichte sehr oft nur das schwache Prinzip der Kausalität gilt, welches besagt, daß winzige Ursachen enorme Wirkungen haben können. Die historischen Prozesse setzen sich aus zahllosen individuellen, absichtsvollen Handlungen zusammen. Der Geschichtsverlauf selbst besitzt aber weder Ziel noch Richtung. Es kann vorkommen, daß kleine Schwankungen in den Entscheidungen einzelner Führungspersönlichkeiten unübersehbar große Folgen für die weitere historische Entwicklung mit sich bringen, und das macht den Ablauf der Geschichte völlig unberechenbar. Dies gilt nicht nur für absolutistische oder totalitäre Regime, wo ein Führer oder eine kleine Gruppe von maßgebenden Personen die Geschicke lenkt, sondern es gilt auch für eine parlamentarische Demokratie. Auch dort kann eine knappe Abstimmungssituation durch eine grundsätzlich nicht vorhersehbare Verhinderung eines Abgeordneten in eine völlig andere Richtung gedrängt werden. Kein im Verborgenen agierender Weltgeist

II. Sinn und Telos

könnte die letztlich auf winzige Quantenschwankungen in der Entscheidungsfindung einer einzelnen maßgebenden Person zurückgehenden makroskopischen Unbestimmtheiten vorausberechnen. Niemand weiß, welche mikroskopischen Schwankungsvorgänge in der Neurochemie von berühmten Persönlichkeiten bereits Weltgeschichte gemacht haben. So wie die Dinge liegen, gibt es nicht nur keinen positiven Hinweis auf ein steuerndes Wesen, das den Sinn der Geschichte lenkt, sondern dieses Wesen ist vermutlich sogar erkenntnistheoretisch unmöglich. Die Sensibilität des stofflichen Trägers unserer Gedanken, jenes neuronale Netzwerk, das unser Gehirn bildet, und die Gültigkeit des Prinzips der schwachen Kausalität in der Geschichte schließen ein Ziel der Geschichte aus. Da es somit keinen guten Grund *für* die Existenz eines Weltgeistes gibt, kann man dieses Fehlen einer positiven Begründung als besten Grund *gegen* die Annahme seines Vorhandenseins ansehen. Dies ist die übliche methodische Form, mit der Existenz verborgener Entitäten umzugehen. Wenn gar nichts *für* das Vorhandensein eines theoretischen Objektes spricht, behandelt man es als Fiktion.

Angesichts unseres heutigen Wissens über die Neurochemie des Gehirns wird es mehr und mehr unglaubwürdig, an eine ideelle Lenkung der Geschichte zu denken.

Jemand könnte sich an dieser Stelle erinnern, daß ja in der klassischen, liberalistischen Ökonomie immer von der »unsichtbaren Hand« die Rede ist, welche scheinbar im Verborgenen die ökonomischen Zustandsänderungen lenkt. Hier haben wir ein Beispiel vor uns, wie man sehr leicht durch eine plakative Metapher verführt wird, in eine falsche Richtung zu denken. Die unsichtbare Hand, wie sie Adam Smith in seinem grundlegenden Werk über den Wohlstand der Nationen eingeführt hat,[12] gehört nicht in die Kategorie der teleologischen Agentien; im Gegenteil, sie ist die Abkürzung für eine Kooperationsform, die spontane Ordnung erzeugt, ohne daß diese von irgendeinem natürlichen oder übernatürlichen Wesen intendiert wurde. Die Ordnungsentstehung im ökonomischen Bereich erfolgt gerade nicht nach dem Muster absichtlicher Organisation, sondern ist das nichtintendierte, emergente, superveniente Resultat einer inneren Disposition einer gesellschaftlichen Großgruppe. Es gehört zum Wesen der liberalistischen Ökonomie, daß die komplexe Marktstruktur sich von selbst bildet, entwickelt und ihren Wirkungsgrad aus sich heraus behält. Die Verwendung der Smith'schen Metapher wird vollkommen klar, wenn er im vierten Buch seines grundlegenden Werkes davon spricht, daß jeder einzelne bei seiner Kaufentscheidung von einer unsichtbaren Hand geführt wird, um ein Ziel zu erreichen, das gar nicht in seiner Absicht gelegen hat. Indem er seine eigenen Interessen verfolgt, dient er der Gesellschaft wesentlich wirksamer, als wenn er versucht, diese gezielt zu verbessern. Das Paradoxe der Marktsituation besteht also darin, daß die vielen Einzelintentionen der individuellen Menschen sich zu einem Netzwerk fügen, das, für sich betrachtet, ungerichtet ist und kein globales Ziel aufweist. Die unsichtbare Hand ist nicht die Hand des Weltgeistes, sondern eine Umschreibung des Prinzips, daß der wahre Egoist kooperiert. Zudem ist wohlbekannt, daß Adam Smith voll im klassischen Paradigma der Newtonschen Mechanik argumen-

II. Sinn und Telos

tiert hat. Die menschliche Natur spielt bei ihm in bezug auf das Marktgeschehen die gleiche Rolle wie die Gravitationskraft in der Himmelsmechanik. Der Mechanismus von Angebot und Nachfrage ist ein selbstregulierendes Gleichgewichtssystem. Zentral für die liberale Ökonomie ist somit der Gedanke der Selbstregulierung, der aber vollkommen nach kausalen Prinzipien funktioniert. Weder die Analyse der geschichtlichen noch der ökonomischen Prozesse enthüllt also irgendeine objektivierbare Entität, die wir vernünftigerweise mit dem Terminus Sinn belegen könnten.[13]

Hinsichtlich der physikalischen Realität führt uns die Frage nach dem Sinn zur traditionsbeladenen Auseinandersetzung um die Teleologie in der Natur. Selbst der Begründer des mechanistischen Weltbildes, Isaac Newton (1642-1727), war von der Unvermeidlichkeit teleologischer Elemente in der Natur überzeugt. Nicht alle Züge der Erfahrungswelt können nach Newton kausal mechanistisch erklärt werden. Die Natur enthält so viele auffallend unwahrscheinliche Besonderheiten, daß sich ihm die Vorstellung aufdrängte, die hohe Symmetrie der Lebewesen und die Gleichförmigkeit ihrer Formen gehe auf einen planenden Geist zurück:

»Kann es denn Zufall sein, daß alle Vögel, Säugetiere und Menschen ihre rechte und linke Seite gleichgeformt haben... und daß sie genau zwei Augen und nicht mehr haben auf jeder Seite des Gesichtes und zwei Ohren auf jeder Seite des Kopfes...? Woher kommt diese Gleichförmigkeit in all ihren äußeren Formen? Dies kann doch auf nichts anderes als auf den Ratschluß und die Planung eines Urhebers zurückgehen«.[14]

Diese Argumentationsform, bestimmte akzidentelle, a priori hoch unwahrscheinliche Züge der Natur als geplante Muster anzusehen, ist im 18. Jahrhundert dann zu einem umfassenden System der anthropozentrischen Teleologie ausgearbeitet worden. Für den Theologen William Paley (1743-1805) zeigen sich überall in der Natur die Spuren des zweckgerichteten Handelns Gottes. Seine Deutung der komplexen Züge der Natur hat er in dem sogenannten Uhrengleichnis niedergelegt.

»In crossing a heath, suppose I pitched my foot against a *stone*, and were asked how the stone came to be there; I might possibly answer, that, for anything I know to the contrary, it had lain there for ever... But suppose I had found a *watch* upon the ground, and it should be inquired how the watch happened to be in that place; I should hardly think of the answer which I had before given, that for anything I know, the watch might have always been there.«[15]

Wenn wir es also mit einer überraschend hohen strukturalen und funktionalen Ordnung eines Systems zu tun haben, ist es nach Paley erlaubt, auf einen Konstrukteur dieser Ordnung zu schließen. Bereits vor Paley fand David Hume den Schwachpunkt in derartigen Begründungen, aus dem Vorhandensein von Ordnung auf eine auf den Menschen ausgerichtete Zweckverfassung der Natur zu schließen. Es handelt sich bei Paleys Uhrenargument um einen simplen Analogieschluß. Wir kennen geordnete Systeme, die tatsächlich von intelligenten Lebewesen konstruiert wurden. Aber es ist deshalb nicht erlaubt, dieses Wissen auf alle komplexen Formen zu übertragen und vor allem auf solche, bei denen von einem Konstruk-

II. Sinn und Telos

teur weit und breit nichts zu sehen ist. Analogieschlüsse sind logisch gesehen Paralogismen, d. h. fehlerhafte Folgerungen; zudem sind Analogieübertragungen mehrdeutig. Die subjektive Auswahl eines Gleichnisses kann jederzeit durch ein anderes ersetzt werden. Warum sollen wir nicht den Ursprung und die Aufrechterhaltung der komplexen Ordnung mit dem Wachstum und der Vermehrung von Tieren und Pflanzen vergleichen, die doch offensichtlich ohne externe Unterstützung, ohne zielgerichtete Hilfe überleben. Wer steuert das Wachstum und Überleben eines Gemsrudels im Hochgebirge, das der Unwirtlichkeit und Kargheit dieser kalten Zone ausgesetzt ist?

Hume hat noch auf eine weitere Unzulänglichkeit der teleologischen Deutung von Ordnung hingewiesen, daß nämlich in der Natur auch viel Unordnung vorhanden ist bzw. Ordnung nach einiger Zeit auch wieder zerfällt. Wenn man diesen destruktiven Teil der Natur auch teleologisch deuten wollte, so müßte man auf einen außerweltlichen Ordnungsvernichter schließen. Ein transzendenter Zerstörer von Ordnung paßt aber gar nicht zum theologischen Hintergrund des Argumentes. Entweder man deutet beide Prozesse, Strukturaufbau und Strukturzerfall, teleologisch, dann ließen sich diese allenfalls als Resultat gegenläufig agierender supernaturaler Mächte deuten, oder man verzichtet darauf und konstatiert nur, daß es diese antagonistischen natürlichen Tendenzen gibt.

Hume hat überdies aufgezeigt, daß die teleologische Deutung hochfunktionaler Komplexität eine von anthropozentrischer Parteilichkeit getragene Naturkonzeption darstellt, die von der traditionellen, aber schon zu seinen Zeiten überholten geozentrischen Perspektive herrührt. »... what peculiar privilege has this little agitation of brain which we call thought that we thus make it the model of the whole universe?«[16] Wie kommen wir dazu anzunehmen, daß die Naturobjekte ihre hohe Ordnung auf die gleiche Weise erhalten haben, wie wir unsere geistigen und materiellen Produkte herstellen? Viel plausibler ist, daß die Art der Ordnungserzeugung von Menschen, Lebewesen, die auf diesem Gesteinsplaneten gewachsen sind, atypisch für die übrigen komplexen Systeme des Universums ist und nicht einfach generalisiert werden darf. Die jüngsten Ergebnisse der Astrophysik haben Humes Vermutung durchaus bestätigt, die terrestrischen Intelligenzformen haben so speziellen Charakter, daß es völlig ungerechtfertigt wäre, von ihnen aus Übertragungen auf die Natur im ganzen vorzunehmen. Heute muß es geradezu als abwegig betrachtet werden, aus den spezifischen Zügen menschlichen Denkens allgemeine Naturprinzipien zu abstrahieren, man geht vielmehr umgekehrt vor und versucht das irdische intelligente Leben als Produkt der speziellen Evolutionsgeschichte dieses Planeten zu verstehen.

Wie Ordnung entsteht, wußte auch Hume nicht, als er seine Kritik an der Teleologie verfaßte. Dazu mußten erst Lamarck und Darwin die wissenschaftliche Bühne betreten, aber seine Analyse trug wesentlich dazu bei, daß im 19. Jahrhundert die teleologischen Deutungen der Natur unglaubwürdig wurden. Bis heute zehren die Teleologieskeptiker von seinen Argumenten.[17] Immanuel Kant hat 1790 bereits das evolutionäre Szenarium entworfen, wo-

II. Sinn und Telos

nach die Ähnlichkeit der Arten durch die »Erzeugung von einer gemeinschaftlichen Urmutter, durch die stufenartige Annäherung einer Tiergattung zur anderen« erklärt werden könnte, und zwar durch Prinzipien, die von denen der Kristallerzeugung nicht wesentlich verschieden sind.[18] Aber der eigentliche Abschied von der sinnträchtigen Teleologie der Natur wurde erst möglich, als man zeigen konnte, daß es kausale Alternativen für die Erklärung des scheinbar so exzellenten Passungscharakters verschiedener Teile der Natur gibt. Schon Thomas Huxley wies im 19. Jahrhundert darauf hin, daß Paleys Deutung der sorgfältig abgestimmten Teile einer Uhr in dem Moment untergraben wird, wo man kausale Vorläufer von Uhren findet, und zwar solche, bei denen man sieht, daß die perfekte Uhr Resultat einer systematischen Veränderung einer nur mangelhaft funktionierenden Uhr ist.[19] Wir können heute sagen, daß dem Uhrmachergleichnis der klassischen Teleologie durch die Selbstorganisationstheorien im blinden Uhrmacher die Gegenmetapher erwuchs.

Richard Dawkins hat der gefundenen Uhr in der Heide von William Paley das Beispiel der Kieselsteine entgegengesetzt. Nehmen wir an, wir gehen am Meeresstrand entlang und beobachten, daß die Kieselsteine alles andere als zufällig verteilt sind. Die kleinsten Steine sind in einem Streifen parallel der Küstenlinie angeordnet und die größeren in anderen Abschnitten. Offensichtlich sind die Kieselsteine auf irgendeine Weise ausgewählt, der Größe nach geordnet, also selektiert worden. In der prähistorischen Zeit könnte ein Stamm, der in der Nähe des Ufers wohnt, sich wundern über diesen hohen Ordnungsgrad der Kieselsteine und einen Mythos entwickeln, indem er die streifenförmige Anordnung einem großen Geist zuschreibt, der mit sorgfältiger Überlegung diese Ordnung gestiftet hat. Dennoch wurde die Selektion der Kieselsteine durch blinde Kräfte der Physik, in diesem Falle durch die Wirkung der Wellen, hervorgerufen. Meereswellen haben keine Absichten und kein Bewußtsein, sie können nicht mehr, als die Steine vor sich herzustoßen. Nun ist es aber so, daß die großen und die kleinen Steine auf verschiedene Weise auf die Stöße der Wellen reagieren, weil sie eben eine verschieden träge Masse besitzen, und das Ergebnis davon ist, daß sie sich in verschiedenen Abständen vom Rand des Wassers anordnen. Ohne daß irgendein Ordner es gewollt hat, ist aus einer ungeordneten Zufallsanordnung am Rand des Meeres eine höhere Ordnung entstanden.[20] Der blinde Uhrmacher ist also nur ein aus historischen Gründen gewähltes Bild, das ausdrücken soll, wie ohne bewußte Intention durch das ungerichtete Zusammenwirken von Kräften Ordnung entstehen kann, so wie es Kant antizipiert hatte.

Es ist bedeutsam, sich zu erinnern, daß die Interpretation bestimmter natürlicher Strukturen – etwa geographische Oberflächenformationen – als von Gott geplante Konfigurationen auch das Handeln des Menschen beeinflußt hat. Zwei historische Beispiele mögen das illustrieren: Bald nach der Entdeckung der Schmalstelle Amerikas, in Zentralamerika, versuchte man eine Verbindung zwischen dem Atlantik und dem Pazifischen Ozean herzustellen, um den langwierigen Weg um Kap Horn herum zu verkürzen. Philipp II. von Spanien befahl bei Androhung der Todesstrafe die begonnenen Grabungen einzu-

II. Sinn und Telos

stellen, »porque el hombre no debe separar lo que Dios unió«.[21] Dieselbe Einstellung brachte eine Gruppe von Theologen zum Ausdruck, denen Philipp IV. von Spanien die Aufgabe gestellt hatte, das Projekt der Konstruktion eines Kanales zwischen dem Fluß Manzanares und dem Tajo zu prüfen. Die Theologen lehnten die Durchführung dieses Planes mit folgender Begründung ab: »Si Dios hubiese querido que los ríos fuesen navegables, El mismo los hubiera hecho así.«[22]

Man handelt also in einer planmäßig konstruierten Welt anders als in einer Welt, die auf rein kausal-mechanistischem Wege ihre zufällige Gestalt gefunden hat. Die Verbindung zwischen den Kontinenten, die Schiffbarkeit von Flüssen ist somit nichts, was im Kontext eines teleologischen Weltbildes zu ändern im Belieben der Menschen steht. Weil die Formen der Länder von Anbeginn an geplant worden sind, muß der Mensch sie in der vorliegenden Form akzeptieren, wenn er nicht gegen den Willen des Planers verstoßen will.

Man muß sich klar sein, daß diese Einstellung, auf alle Züge der Natur ausgedehnt, völlige Handlungsunfähigkeit der Menschen zur Folge hätte. Wenn an der vorgefundenen, bis ins Detail durchgeplanten Schöpfung keine Veränderung durchgeführt werden darf, ist jede Verbesserung, sei es im Bereich der Krankheiten, sei es auf dem sozialen oder Umweltsektor, verboten. Der Teleologie folgt somit der Fatalismus auf dem Fuß. Es ist allerdings anzumerken, daß selbst innerhalb des christlichen Kulturbereiches die Prädestination unterschiedlich stark interpretiert wurde. Die Abgrenzung, welche Teile der geplanten Schöpfung der Mensch nach eigenem Ermessen verändern darf, schwankt bis heute. Die Grenze ist heute im Rahmen der möglichen Eingriffe in das genetische Material des Menschen neu problematisiert worden. Wenn man die Erbsubstanz aller Lebewesen als Ausdruck einer transzendenten Willenserklärung ansieht und nicht als zufällig gewachsene, durch natürliche Selektion zustande gekommene Information, wird man Hemmungen verspüren, das Erbmaterial zu verändern, unter Umständen auch dort, wo es pathogene Elemente enthält, die dem Phänotypus zu sichtbarem Schaden gereichen. Jüngst wurde die ethische Diskussion durch den Sciencefiction-Roman »Jurassic Park« in den Medien intensiviert.[23] Der Leser möge selbst seine Einstellung prüfen, ob er es als zulässig erachten würde, Lebewesen wieder zu beleben, die seit 65 Millionen Jahren ausgestorben sind, oder ob er dies als Eingriff in eine göttliche Planung begreifen würde.

In besonderem Maße hat die teleologische Präformationsidee im islamischen Kulturbereich die Handlungsspielräume der Menschen verengt. Dort ist man überzeugt, nur Allah kennt die Zukunft, er gestaltet in einem gesonderten Schöpfungsakt jeden Moment des Weltprozesses nach seinem eigenen, unvorhersehbaren Willen. Deshalb übersteigt nach islamischer Auffassung die Zukunftsplanung jegliche menschliche Kompetenz. Dies hat zur Folge, daß z. B. Versicherungen kaum soziale Akzeptanz besitzen. Sich gegen das zukünftige, von Allah geschickte Unglück zu versichern, stellt genaugenommen eine unerlaubte menschliche Kompensation dar.[24] Aber auch im christlich-abendländischen Bereich wurde gelegentlich derartig argumentiert. Bertrand Russell erzählt

II. Sinn und Telos

die Geschichte von der Erfindung des Blitzableiters durch Benjamin Franklin:[25] Die Geistlichkeit Englands und Amerikas mit der Unterstützung König Georg III. empörten sich über den gottlosen Versuch, dem Willen des Allmächtigen entgegenzuarbeiten, denn, so argumentierten sie, der Blitz ist eine gottgesandte Strafe für den Unglauben oder eine andere schwere Sünde. Es war somit Benjamin Franklin nicht erlaubt, den göttlichen Willen zu durchkreuzen. Als die Bürger von Boston begannen, sich dennoch die Häuser mit Blitzableitern abzusichern, wurde Boston von einer schweren Erdbebenkatastrophe heimgesucht. Dies war nach der damaligen Interpretation der Geistlichkeit der Weg Gottes, seine strafende Hand durchzusetzen, auch gegen das blasphemische Tun der Physiker.

Heute sieht man von derartigen Interpretationen des Naturgeschehens mehr und mehr ab, weil man wohl begriffen hat, daß man sich hier in ein unlösbares Abgrenzungsproblem hineinmanövriert. Schon immer waren sich die Vertreter der theistischen Religionen unsicher, welcher Teil des Weltgeschehens, vor allem der Katastrophen innerhalb der Natur, als direkter intendierter Wille Gottes zu interpretieren sei. Diese Unsicherheit ist nicht verwunderlich, nach welchen Kriterien sollte man dies auch entscheiden? Eine Naturkatastrophe trägt ja keine Etikette, die irgendeine Intention enthüllen könnte. Die Willkürlichkeit der Zuweisung, bestimmte für den Menschen höchst schädliche Seuchen und Krankheiten als gottgewollte Planung zu interpretieren, läßt sich an der jüngsten Debatte um AIDS verdeutlichen, wo die Einschätzungen der Kirchenvertreter völlig gegensätzlich schwanken,[26] ob diese erworbene Immunschwäche eine rein zufällige natürliche Ursache besitzt oder ob dahinter eine göttliche Absicht zu vermuten ist. Man braucht nicht zu betonen, daß eine rationale Entscheidung dieser Alternative auf Grund des Fehlens jeglicher empirischer Merkmale einer zielgerichteten Absicht völlig unmöglich ist. Soviel läßt sich jedoch an den vorstehenden Beispielen einsehen, daß die teleologische Deutung von Phänomenen nicht wertneutral ist und zu unterschiedlichen Handlungsanweisungen führt. Weit entfernt davon, irrelevanter metaphysischer Ballast zu sein, wirkt sich eine zweckgerichtete Weltordnung, obwohl kognitiv unfaßbar, auf der Handlungsebene dramatisch aus.

III. Objektivierbarkeit von Sinn

Heute muß man die Einbettung des Menschen in die Geschichte des Organischen als ein Faktum ansehen.[27] Ungeachtet differenzierter Auseinandersetzungen um bestimmte konkurrierende Evolutionstheorien [Gradualismus, Punktualismus, Neutralismus] ist die Tatsache der Entwicklung aller Schichten der Realität von so vielen Disziplinen her gestützt [Geopaläontologie, Geographie, Biochemie, Serologie, Immunologie, Genetik, Embryologie, Parasitologie, Morphologie, Ethologie, Astrochemie], daß nur ideologische Verblendung die Ursache sein kann, sich der erdrückenden Beweislast entziehen zu wollen. Die treibenden Kräfte, entsprechend der neodarwinistischen synthetischen Theorie der Evolution, sind Mutation, genetische Rekombinationen, natürliche Selektion, Genfluß, Gendrift, differentielle Fruchtbarkeit, sexuelle Selektion und die Bevölkerungsdichte einer Population. Die organische Evolution wird somit als statistische Veränderung im Genpool durch die Schlüsselprozesse der Variation und Adaption auf dem Wege der differentiellen Reproduktion gefaßt. An keiner Stelle ist in diesem Erklärungsschema Platz für Zwecke, final gerichteten Fortschritt, Erfüllung idealer Sinnvorgaben oder verwandte spirituelle Elemente. Diese kommen in diesem naturalistischen Theoriengebäude nicht vor und sind auch dort nicht nachträglich oder zusätzlich einbaubar. Einer der ersten Philosophen, der klar gesehen hat, daß eine durchgängige Hierarchie von Evolutionsschritten nur mit einer naturalistischen Anthropologie vereinbar ist, war Ludwig Feuerbach (1804-1872). Er betonte bereits, daß nur die Perspektive der naturgeschichtlichen Entwicklung die korrekte Anthropologie liefert, daß somit nur die historische Einbettung in den Naturzusammenhang den Menschen richtig in der Ordnung der Dinge sieht. Feuerbach hat die Abkehr vom Idealismus bewerkstelligt, indem er den Menschen als physisches Naturwesen entdeckt:

»Die neue Philosophie macht den Menschen mit Einschluß der Natur, als der Basis des Menschen, zum alleinigen, universalen und höchsten Gegenstand der Philosophie, die Anthropologie, mit Einschluß der Physiologie, zur Universalwissenschaft.«[28]

Mit dem Untergang der Idee einer globalen Teleologie, wonach das Universum selbst sowie alle seine Untersysteme einem vorbestimmten Ziel zusteuern, ging somit die Kernbedeutung des objektiven Sinnes der Natur verloren. Naturteleologie schrumpfte auf Grund der philosophischen Kritik und der im 19. Jahrhundert entwikkelten kausalmechanistischen Evolutionstheorien auf das zwecksetzende Vermögen des Menschen selbst zusammen. Obwohl das allgemeine Problem der Ordnungsentstehung erst jüngst in Angriff genommen wurde – durch Theorien, die erklären können, wie auf allen Ebenen der Realität spontan Komplexität wachsen und Information entstehen kann –, war schon um die Mitte des vorigen Jahrhunderts klar, daß das Universum sich wohl in Richtung auf weiteres Komplexitätswachstum entwickelt (Meliorismus), aber ohne Mithilfe irgendwelcher zielgerichteter Kräfte. Mag die Entwicklung des Universums auch gerichtet sein, also sich von den einfacheren Struk-

III. Objektivierbarkeit von Sinn

turen zu den höheren Formen der Komplexität emporarbeiten, zielgerichtet ist sie deshalb sicherlich nicht. Diese Differenzierung ist wichtig. Gerichtete Vorgänge gibt es in der Natur reichlich. Der leere Raum ist richtungslos (isotrop), aber sobald eine gravitierende Masse in den Raum eingeführt wird, erhält er eine Auszeichnung von Richtungen (Anisotropie). Auch die Zeit hat ihre Asymmetrie, die Richtung der Prozesse von der Vergangenheit in die Zukunft ist struktural verschieden von der logisch möglichen Umkehrung, die aber in der Welt nicht vorkommt. So gibt es wohl viele Richtungen, aber keine Ziele in der Natur. Zwischen den beiden Schlüsseljahren 1859 und 1871, in denen Charles Darwin seine beiden umwälzenden Werke veröffentlicht hat,[29] und der Gegenwart hat sich ein geradezu unübersehbarer intellektueller Kampf abgespielt.[30] Auf Grund des inhärenten Naturalismus der Evolutionstheorie wehrten sich viele Intellektuelle, die evolutionäre Perspektive in ihr Weltbild einzugemeinden, und es kann keine Rede davon sein, daß diese Auseinandersetzung heute beendet ist. Nur in der relativ kleinen elitären Gruppe von aktiven Naturforschern hat sich die Akzeptanz durchgehend formiert, hier scheint auch der Sinnverlust nicht die elementare Rolle zu spielen. Vielleicht können sich Biologen, Anthropologen, aber auch Physiker aus der rationalistischen Grundhaltung heraus leichter auf die sinneutrale Objektivität ihres Forschungsgegenstandes einstellen.

1977 hat Steven Weinberg noch einmal die Überzeugung der Wissenschaftler in bezug auf die kosmische Rolle der Menschheit pointiert zusammengefaßt: »Je besser wir das Universum verstehen, desto sinnloser erscheint es.«[31] Knapp 20 Jahre später berichtet er von den erstaunten Reaktionen der Wissenschaftler, die sich gefragt haben, warum ein Physiker im Jahre 1977 noch mit der Idee spiele, das Universum könne einen Sinn haben, »es ist schlicht und einfach ein physikalisches System«, drückt es die Astronomin Margaret Gellert offen aus, »wo soll da der Sinn liegen?«[32]

IV. Der Ort des Menschen

Diese verblüffend einfache Reaktion einer modernen Naturwissenschaftlerin hat eine lange Vorgeschichte, die letztlich ihren Ursprung in den Anfängen der neuzeitlichen Naturwissenschaft besitzt. Die Menschen wollten von alters her wissen, welche Rolle sie im Gesamtverband der Natur einnehmen; die Religionen, die Philosophie, aber auch die Wissenschaften haben verschiedene Erklärungsangebote gemacht, warum und wozu wir uns auf diesem dritten Planeten in unserer spezifischen Lebensweise vorfinden. Ist es ein absoluter, unhinterfragbarer Zufall, steht eine zielgerichtete Kraft dahinter oder gibt es jenseits der kosmischen Raumzeit ein transzendentes Wesen, das mit voller Absicht den Lauf der Welt so gelenkt hat, daß sich in einer Phase seiner Entwicklung intelligentes Leben einstellte? In unserem Kulturraum der drei monotheistischen Hochreligionen ist die letzte Deutung sicher die weitaus bevorzugte. Die absolute Zufälligkeit des menschlichen Daseins schien den Menschen zumeist existenziell nicht tragbar zu sein. Der Gedanke einer unpersonalen, zielgerichteten Kraft ist eher eine Vorstellung, die philosophisch orientierten Geistern anheimelnd vorkommt. Hingegen war die theistische Lösung zur Kontingenzbewältigung für die Mehrzahl der Menschen naheliegend. Es ist allerdings darauf hinzuweisen, daß im asiatischen Kulturraum andere Denkmodelle für die Daseinsbewältigung näherliegen. Im buddhistischen Denken wird die Kontingenz des Leidens durch die Einsichten in ein umfassendes Weltgesetz aufgefangen, das auch die Überwindung der schwierigen Daseinsprobleme ohne Hilfe einer übernatürlichen Macht ermöglicht. Allein schon die Existenz großer Kulturräume, in denen die herrschende Weltauffassung keine zentrale transzendente Steuerung und keinen primordialen Schöpfungsprozeß kennt, weist darauf hin, daß Kontingenzbewältigung und Sinnstiftung nicht ein Monopol theistischer Religionen sind, sondern daß es viele Denkmodelle für die Verarbeitung existenzieller Lebensprobleme gibt. Es lag sicherlich auch im Eigeninteresse der monotheistischen Religionen, andere gangbare Wege zur Linderung und Überwindung des Leidens zu unterdrükken. Es mußte, von der Wissenschaft ausgehend, erst das Deutungsmonopol der einen Religion durchbrochen werden, ehe es einleuchtete, daß eine Pluralität von Heilswegen denkbar ist, und es dauerte noch viel länger, ehe sich säkulare »Technologien« der Daseinsbewältigung wie die Psychoanalyse etablieren konnten. Wie wir noch sehen werden, liegt es am Wunsch nach Wahrheitsbesitz und am Gewißheitsbedürfnis der Menschen, daß diesseits orientierte Weltbilder so ungern als Leitvorstellung angenommen werden.[33]

Im Abendland wurde jedenfalls die traditionelle Vorstellung einer externen Steuerung des Ganges der Welt in Ausrichtung auf das Wesen des Menschen in dem Maße unplausibel, als dessen kosmische Heimstätte ihre zentrale Stellung verlor. Mit Kopernikus, der den menschlichen Wohnort gleich einer dreifachen Bewegung aussetzte, zerbrach die mittelalterliche, auf den Menschen ausgelegte hierarchische Ordnung des Universums. Die nach neuplatonischem Vorbild angelegte christliche Stu-

IV. Der Ort des Menschen

fenleiter der Werte war im Mittelalter in die kosmische Raumstruktur verschränkt. Vergegenwärtigen wir uns noch einmal, wie noch im Hochmittelalter die Werteskala in die räumliche Ordnung der Realität verflochten war. Dies läßt sich noch sehr deutlich im Weltbild Dantes beobachten.[34]

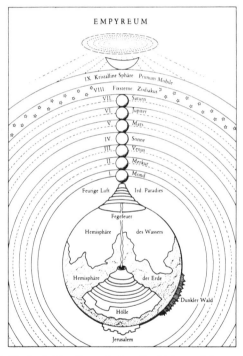

(aus: B. Kanitscheider: Kosmologie – Geschichte und Systematik in philosophischer Perspektive. Stuttgart: Reclam, 1984, S. 95)

Das polare Wertepaar, die Hölle und das Empyreum, besitzen eine räumliche Lokalisation in der kosmischen Ordnung. Metaphysische, axiologische [ἀξία = Wert] und materielle Sphären waren damals nicht kategorial getrennt, sie konnten in einem anschaulichen Modell begriffen werden. Vermutlich hat die spätere, unter dem Druck der neuzeitlichen Wissenschaft erfolgte Verlagerung der sinnstiftenden Bereiche der Metaphysik und Wertlehre ins räumliche Nirgendwo der Sinnskepsis Vorschub geleistet. Diese Auslagerung in einen Bereich jenseits von Raum und Zeit war notwendig geworden, weil das kontrollierbare Wissen der innerweltlichen Region enorm anwuchs; um grobsinnlichen Konflikten von Astronomie und religionsimmanenter Kosmologie auszuweichen, mußte das Zentrum der Sinngebung weiter ins Unsichtbare verschoben werden. Die mehrfach erzwungene Auslagerung hat dann die Skeptiker auf den Plan gerufen, die in dem Verfahren nicht zu Unrecht eine Immunisierungsstrategie gesehen haben.

In Dantes Weltkonzeption jedenfalls war die räumliche Stellung des Menschen, seine Aufgabe und sein Ziel, seine Bestimmung und seine Erfüllung, also alles das, was den Sinn seines Daseins ausmacht, noch in ein umfassendes System hineingearbeitet. Die Geschlossenheit dieses anthropozentrischen Gedankengebäudes mag in manchem von uns nostalgische Gefühle auslösen angesichts der fehlenden Geborgenheit der Menschen im heutigen wissenschaftlichen Weltbild. Dieser Prozeß ist jedoch sicher nicht umkehrbar, auch wenn heutige Fundamentalisten davon träumen.

Die Astronomie war die Vorreiterin unter den Wissen-

IV. Der Ort des Menschen

schaften, die erst einmal in bezug auf die räumliche Position den Anthropozentrismus untergrub. Schrittweise und teils unbemerkt entflocht sich die mittelalterliche Einheit von Raumstruktur und Wertesystem. Bereits in der klassischen neuzeitlichen Kosmologie, also etwa um 1700, ging die Idee eines hierarchischen Aufbaus der Welt verloren.[35] Selbst Newton denkt nur mehr an zwei Möglichkeiten einer Verfassung der Welt im Großen: Unsere Galaxis ist eine *Insel* im unendlichen euklidischen Raum, oder der Raum ist bis in die Unendlichkeit homogen mit Sternen besetzt. Keines der beiden denkmöglichen kosmologischen Modelle, die mit der klassischen Physik in Einklang sind, besitzt einen Rand oder eine Mitte, keines der beiden besitzt einen ausgezeichneten Ort, den man auf natürliche Weise axiologisch gewichten könnte. Es ist kein natürlicher Ort mehr vorhanden für eine Verankerung von Werten. Alle Punkte sind gleichberechtigt, selbst von einer Materieinsel kann man nicht mehr sagen, wo sie sich im unendlichen Raum befindet. Mit dem weichenden Horizont der Astronomie, dem Wachsen der Einsicht in den materiellen Aufbau der Natur, eingeschlossen alles Lebendige, wurde in allen nüchtern Denkenden der Verdacht geweckt, daß es eine besondere Bedeutung der Welt und eine hervorhebbare Bestimmung des Menschen darin gar nicht gibt. Die unermeßlichen Dimensionen des Kosmos, die stoffliche Gleichartigkeit der materiellen Substanz aller Systeme bis zum Rand der Sichtbarkeit, die riesigen Zeitskalen der kosmischen und biologischen Evolution, die nach und nach zum Vorschein kamen, all dies waren Indizien, daß der Mensch, global gesehen, eine unerhebliche und bedeutungslose Manifestation naturgesetzlicher Entwicklung sei, die nach kurzem Gedeihen spurlos die kosmische Bühne wieder verlassen würde. Niemand hat dem Gefühl des Nihilismus beredteren literarischen Ausdruck verliehen als Friedrich Nietzsche: »Seit Kopernikus scheint der Mensch auf eine schiefe Ebene geraten... er rollt immer schneller nunmehr aus dem Mittelpunkt weg, wohin, ins Nichts, ins durchbohrende Gefühl seines Nichts?«[36] Einige Zeit später hat Albert Camus (1913-1960) in ähnlicher Weise diese Stimmung in Sprache geprägt:

»Es gibt nur ein wirkliches ernstes philosophisches Problem: den Selbstmord. Die Entscheidung, ob das Leben sich lohne oder nicht, beantwortet die Grundfrage der Philosophie. Alles andere – ob die Welt drei Dimensionen und der Geist neun oder zwölf Kategorien habe – kommt später. Das sind Spielereien; zunächst heißt es Antwort geben«.[37]

Für die meisten Menschen bedeutet der Selbstmord *keine* Entscheidungsfrage, sie sind von ihrer biologischen Grundausstattung mit dem Willen zum Leben versehen worden, der keine Wahl läßt.[38] Die Dichterphilosophen wie Nietzsche und Camus pflegen besonders emotional auf kosmische Situationen zu reagieren. Wir werden später sehen, daß es nicht nur die Möglichkeit gibt, mit Nihilismus und Selbstmord auf die von der Wissenschaft zu Tage geförderte kosmische Heimatlosigkeit zu reagieren, sondern daß eine besonnene Reflexion weitere Perspektiven eröffnet. Dennoch kann nicht geleugnet werden, daß die Naturwissenschaft seit dem Tode Nietzsches (1900) und selbst noch nach Camus' (1960) verstärkt Fakten ans Tageslicht brachte, die zeigten, daß die Welt,

IV. Der Ort des Menschen

großräumig betrachtet, nur wenige lebensfreundliche Orte besitzen kann; der größte Teil des kosmischen Raumes ist vom Menschen her betrachtet extrem unwirtlich. Auch wenn es kosmologisch gesehen noch offen ist, welches eschatologische Szenarium das Universum erwartet, ein langsames Erkalten oder eine Wiederholung des frühen heißen Feuerballstadiums, für unsere lokale Umgebung besteht kein Zweifel, daß nach Verlöschen der Kernbrennvorgänge im Inneren der Sonne keine Ökosphäre mehr existieren wird. Aber längst vor dem völligen Erkalten unseres Sonnensystems können andere Katastrophen auftreten, die die Voraussetzungen für die Existenz von Leben vernichten. Für eine Ökosphäre ist ein stabiler Treibhauseffekt wichtig, bei dem kleine Schwankungen nicht negativ zurückgekoppelt werden, wie dies offensichtlich auf der Venus zu einer für Leben tödlichen Oberflächentemperatur von 450 °C geführt hat. Es ist wirklich vonnöten, sich auch ganz konkret die astrophysikalische Durchgangssituation alles terrestrischen Lebens klarzumachen.

Eine Vorstellung, wie die notwendigen Bedingungen für Leben einmal gegeben sein und dann wieder verschwinden können, bietet heute die Marsoberfläche. Man entdeckte durch die den Mars umkreisenden Orbiter gewaltige Trockentäler auf unserem Nachbarplaneten. Das ausgetrocknete Flußbett Kasei Valiis muß vor 3 Milliarden Jahren tausendmal mehr Wasser als der Amazonas geführt haben. Der Mars besaß also vermutlich eine ausgeprägte Atmosphäre, die durch eine Klimakatastrophe verschwand. In den ersten 2 Milliarden Jahren seiner Existenz hat der Mars vielleicht einfache Lebensformen beherbergt, heute sind diese spurlos verschwunden.[39]

Spurlos im kosmischen Geschehen wieder unterzugehen wie das mutmaßliche Marsleben, dies scheint eine der größten Zumutungen der Natur zu sein, die die Menschen nicht wahrhaben wollen. Aus diesem Grunde haben sich auch schon früh kritische Stimmen erhoben, die die Ergebnisse der Wissenschaft generell als Sinnbedrohung empfunden haben. Im Gegenzug zur Wissenschaft haben verschiedene Denker versucht, die Aussagen der empirischen Wissenschaften herabzusetzen, zu entwerten, eben *weil* sie den Menschen Unglück bringen, *weil* sie Sinn destruieren. Schon Sextus Empiricus hat eine geringe Meinung von der menschlichen Neugierde. Nicht nur daß sicheres Wissen ohnehin nicht erlangt werden kann, auch die vorläufigen, sich täglich ändernden Vorstellungen von der Natur der Dinge stiften Unruhe im Menschen, sie bringen die Ataraxie, die seelische Ausgewogenheit, ins Wanken, jene Haltung, die so notwendig ist, um den drängenden Lebensproblemen gefaßt ins Auge zu sehen.

»Wir sagen nun, bis jetzt sei das Ziel des Skeptikers die Seelenruhe in den auf dogmatischem Glauben beruhenden Dingen... Wer nämlich dogmatisch etwas für gut oder übel von der Natur hält, wird fortwährend beunruhigt... Wer jedoch hinsichtlich der natürlichen Güter oder Übel keine bestimmten Überzeugungen hegt, der meidet oder verfolgt nichts mit Eifer, weshalb er Ruhe hat.«[40]

Hier bei diesem antiken Autor, der noch nicht unter der Perspektive der Jenseitigkeit und dem Zwang zur

IV. Der Ort des Menschen

transzendenten Sinnhaftigkeit der christlichen Heilslehre steht, wird es sehr deutlich, daß dem Wissenserwerb ganz generell eine Wertung zugrunde liegt. Das tiefe Eindringen in die Natur der Dinge birgt die Risiken und Gefahren in sich, daß bestimmte überkommene Wertverankerungen sich lösen, die sich als Stabilisatoren der Lebensführung bewährt haben. Man kann die Gewichtung dieser stabilisierenden Normen als Ermessensfrage ansehen, aber der Skeptiker der Erkenntnis gibt zu bedenken: Sollen wir uns wirklich der Gefahr aussetzen, daß unsere Wert- und Zielvorstellungen, die wir notwendig zur Weltorientierung brauchen, durch den Rationalismus der Wissenschaft unterminiert werden? Ist es nicht wichtiger, unsere Lebensspanne einigermaßen glücklich über die Distanz zu bringen, als uns durch tieferes Eindringen in die Natur beunruhigen und seelisch destabilisieren zu lassen?

Die Sachlage erscheint mir jedoch zumindest ambivalent, denn nicht immer hat sich wachsendes Wissen zum Unheil der Menschen ausgewirkt, wie Sextus Empiricus und J. J. Rousseau meinten; vielfach war Unwissen schuld am Unglück. Am deutlichsten läßt sich die Valenz wissenschaftlicher Aufklärung hinsichtlich ihrer Fähigkeit, Glück oder Unglück zu bringen, an der Geschichte der Deutung der Kometen demonstrieren.[41] Diese vagabundierenden Himmelskörper, die sich anscheinend weder der strengen Rotationsgesetzlichkeit des Fixsternhimmels noch der komplizierteren Bewegungsform der Planeten unterordnen, wurden über Jahrtausende als Vorboten des Unglücks, als bedrohliche Zeichen des Schicksals angesehen. Einige beherzte antike Autoren wie

Seneca deuteten die Kometenphänomene als natürliche Himmelserscheinungen[42]; aber bis Tycho Brahe durch Parallaxbeobachtungen wirklich beweisen konnte, daß diese Mitglieder des Sonnensystems weit außerhalb der Mondbahn ihres Weges ziehen, verbreiteten die geschweiften Sterne Furcht und Schrecken. Die Kometenfurcht hat ganze Reiche zum Untergehen gebracht. Dem aztekischen König Montezuma II. (1466-1520) in Tenochtitlan war prophezeit worden, daß der weißbärtige Gott Quetzalcóatl nach Mexiko zurückkommen und sein Reich zurückfordern werde. Als um 1519 zwei Kometen auftauchten und sich auch noch andere Omina dazugesellten, war Montezuma davon überzeugt, daß das Ende seiner Herrschaft gekommen sei. Die Prophetie und die ungünstigen Vorzeichen verdammten ihn zu Untätigkeit und lähmten seine Gegenwehr gegen die Spanier derart, daß er nicht in der Lage war, das lächerliche Heer von 600 Mann, geführt von Hernán Cortés, aufzuhalten.[43] Sein Aberglaube und seine fatalistische Angst vor Kometen kosteten Montezuma sein Reich und hatten die Vernichtung der großartigen aztekischen Kultur zur Folge. Aber die tief verankerte Furcht vor Kometen war nicht nur in den außereuropäischen Hochkulturen verbreitet. Niemand anderer als Martin Luther war noch der festen Überzeugung, »daß kein Komet am Himmel erscheint, der nicht eine bestimmte Bedeutung für das Schicksal der Menschen besitzt«.[44] Hier konnte nun die neue Astronomie wirklich eine Entlastung bewirken, so wie es Epikur ja bereits vor langer Zeit gelehrt hatte: »Es ist nicht möglich, sich von der Furcht hinsichtlich der wichtigsten Lebensfragen zu befreien, wenn man nicht Bescheid weiß

IV. Der Ort des Menschen

über die Natur des Weltalls, sondern sich nur in Mutmaßungen mythischen Charakters bewegt.«[45]
Tycho Brahes Beweis, daß Kometen Himmelskörper seien und Edmond Halleys Eingemeindung der Kometen in die Gesetzlichkeit Newtons befreiten die Menschen von einer Sorge, die sie bis dahin unnötigerweise bedrückt hatte. An jenem Kometen, der nun Halleys Namen trägt, konnte dieser zeigen, daß diese Körper berechenbare Himmelsobjekte sind mit periodischen Bahnen wie Planeten und Monde. Sie sind zudem so weit entfernt, daß sie nur selten auf irgendeinen Kollisionskurs mit der Erde gelangen können. Sie bewegen sich auf weitgezogenen elliptischen Bahnen durch den Raum, und jede Furcht vor ihnen ist unbegründet. Im Fall der Kometen bewirkte die neuzeitliche Wissenschaft unzweifelhaft eine Befreiung, die Bedrohlichkeit eines Naturphänomens schwand mit der naturalistischen Entschlüsselung. Die mit dem deterministischen Charakter verbundene Berechenbarkeit der Kometen gab in diesem Fall vergleichsweise wenig Anlaß zur Besorgnis für den Menschen. Dies änderte sich erst, als die Berechenbarkeit auf den Menschen selbst ausgedehnt wurde. Der universale Determinismus verbreitete Sorge, weil die Menschen sich in ihrer Handlungsfreiheit bedroht sahen. Bis zum heutigen Tag macht es vielen Menschen Probleme einzusehen, daß Freiheit, moralisches Handeln und eine deterministische Weltverfassung kompatibel sind und kein Grund zur Besorgnis gegeben ist, daß eine berechenbare Welt keinen Ort für Moralität mehr darstellen kann.[46]
In gleicher Weise wie die Kometen verloren auch terrestrische Naturereignisse ihren drohenden Charakter:

Weil der Blitz als elektrostatisches Entladungsphänomen erkannt werden konnte, war es auch möglich, daß man durch einen gezielt angebrachten Leiter seine Gefahr beseitigt. Wenn man den kausalen Mechanismus eines Naturphänomens durchschaut hat, läßt es sich, wenn seine energetische Größenordnung handhabbar ist, auch verändern. Bestimmte elementare Naturgeschehen wie z. B. Erdbeben und Vulkanausbrüche lassen sich zwar nicht verhindern, aber immerhin doch so prognostizieren, daß der Großteil des Schadens von den Menschen abgewendet werden kann. Als im Jahre 1980 der Mount St. Helens auszubrechen drohte, war seine Umgebung so weitgehend evakuiert, daß nur mehr eine kleine Zahl von Menschen, die der Vorhersage nicht glauben wollten, den Tod fand. Mit der Eruption dieses Vulkans ist auch eine kleine Geschichte verbunden, die den Aufeinanderprall der magisch-animistischen Denkweise und des szientistischen Verständnisses der Natur veranschaulicht: Am Fuß des Vulkans, am Spirit Lake, wohnte seit 50 Jahren in einer kleinen Lodge Harry Truman, ein Einsiedler, der davon überzeugt war, daß er ein Freund des Berges sei. Auf die Gefahren des Vulkans hingewiesen, pflegte er zu antworten: »I talk to the mountain, the mountain talks to me. I am part of that mountain and the mountain is part of me.«[47] Er hatte Vertrauen, daß sein Berg ihm nichts anhaben könne, weil er in einem persönlichen Verhältnis zum Vulkan stand. Es kam jedoch so, wie es die Geologen vorausgesagt hatten. Am 18. Mai 1980 begrub der Mount St. Helens die Lodge und Harry Truman unter 100 Fuß Asche und Schutt, die magische Freundschaft hatte sich nicht bewährt. Bemerkenswert an diesem Beispiel ist die Möglichkeit einer empirischen Kontrolle der magischen Deutung der Natur. Wenn Naturobjekte auch Personen wären, müßten sie sich anders verhalten, als sie es tatsächlich tun.

Die größte Befreiungsleistung und Entlastung für die Menschen hat der Naturalismus der Aufklärung zweifelsohne in der Überwindung des Hexenglaubens mit sich gebracht.[48] Wenn in einem Weltbild solche Wechselwirkungen von Organismen mit spirituellen Wesenheiten wie dem Teufel nicht definiert sind, einfach weil derartige Entitäten in einer philosophisch respektablen Ontologie nicht vorkommen, dann ist die Gefahr auch gebannt, ideologischen Mißbrauch von solchen angeblichen »Besessenheiten« zu machen. Die Voraussetzung für die Befreiung von Hexenverfolgungen war die erkenntnistheoretische Einsicht, daß spirituelle Objekte wie Teufel, Engel oder Dämonen nicht konstituierbare Gegenstände sind, daß sie im wörtlichen Sinne »Undinge« darstellen. Die naturalistische Ontologie war in diesem Fall die Vorbedingung für eine humanistische Ethik.

In keinem Bereich hat die objektivierende Analyse des Feinaufbaus und der Funktionsweise eines Systems und damit die Eliminierung des magischen Elementes der Natur soviel Leidensminderung für den Menschen mit sich gebracht wie in der Medizin. Das rationale Eindringen in die mikroskopischen Details eines Körpers, das Zerlegen dieser organischen Ganzheit in einzelne Teilfunktionen hat von William Harveys Entdeckung des Blutkreislaufes bis zur Identifikation von Interleukin 2 (IL/2) als eines Hormons des Immunsystems, um nur zwei Eckpunkte der Wissensentwicklung zu nennen, eine unübersehbare

Entlastung von den naturgegebenen Drangsalen für den Menschen mit sich gebracht. Die völlige Hilflosigkeit der Menschen vor einem lebensbedrohenden Phänomen wird deutlich, wenn man sich vor Augen führt, daß die mittelalterlichen Gelehrten die mit verheerenden Auswirkungen um sich greifende Pest als Resultat einer seltenen Sternkonstellation ansahen. Die Jatroastrologie war der magische Vorläufer unserer kausal-mechanistisch arbeitenden Medizin.

Erst das naturalistische Eindringen in die Aitiologie [αἰτία = Ursache] der Krankheiten brachte die Heilungserfolge mit sich. Sicher ist die Bilanzierung von Entlastung und Belastung durch die analytisch operierende Wissenschaft wertbeladen. Der Sinnentleerung, die die atomistische und kausalmechanistische Denkstrategie der Wissenschaft mit sich gebracht hat, steht eine hohe Leidensbewältigung gegenüber, die gerade die Medizin für sich verbuchen konnte, die letztlich auf Chemie und Physik gegründet ist. Dennoch wird heute wohl nur noch jemand mit ausgesprochen spirituellen Neigungen einem Zeitalter nachtrauern, das zwar eine globale Sinnorientierung besaß, auf der anderen Seite aber mit lebensverachtender Gleichgültigkeit mit humanen Lebensqualitäten umging, wobei Unwissenheit und mangelnde Humanität sich die Hand gaben. An dieser Stelle darf auch darauf hingewiesen werden, wieviel die Aufklärer dazu beigetragen haben, den Strafvollzug zu humanisieren, um die ungerechten Fehlurteile der damaligen Willkürjustiz aufzudecken. Man denke an den Einsatz Voltaires im Fall *Jean Calas*, der fälschlich bezichtigt worden war, seinen Sohn ermordet zu haben und wo Voltaire die Rehabilita-

IV. Der Ort des Menschen

tion des Getöteten erreichte, sowie seinen allerdings vergeblichen Versuch, den 19 Jahre alten *Chevalier de La Barre* vor dem Verbrennen zu retten, weil er angeblich das Delikt der Blasphemie begangen hatte.[49] Man darf nicht vergessen, daß in Frankreich wie auch in England im 18. Jahrhundert auf Blasphemie die Todesstrafe stand, wobei dieser Tatbestand bereits erfüllt war, wenn an der Existenz oder Allmacht Gottes gezweifelt wurde.[50]

V. Entzauberung

Zu Anfang unseres Jahrhunderts war es vor allem Max Weber, der die Aufmerksamkeit auf die Tatsache richtete, daß die Wissenschaften auf Grund ihrer Methode grundsätzlich die Frage nicht beantworten können: »Ob diese Welt, die sie beschreiben, wert ist zu existieren, ob sie einen Sinn hat und ob es einen Sinn hat, in ihr zu existieren.«[51] Wissenschaftliche Erkenntnis ist zweckneutral, wertfrei und sinnindifferent, weil sie objektives, also interpersonales Wissen darstellen soll. Webers Diagnose setzt dabei voraus, daß Sinn immer personbezogen, somit subjektiv ist und deshalb im positiven Wissen über die Welt nicht festgemacht werden kann. Es handelt sich also nicht um eine sinnfeindliche Voreingenommenheit der Wissenschaft gegenüber Zwecken und Werten, sondern der Fall liegt anders. Weil es bis jetzt noch niemandem geglückt ist, diese Sinnelemente zu objektivieren, muß die Wissenschaft sich aus dem Geschäft der Sinnstiftung zurückziehen und diese der Metaphysik, der Religion oder persönlichen Setzung überlassen. Den subjektiven Sinn kann man nach Weber im privaten Engagement finden, in der Kultur, in der Musik, in der bildenden Kunst und der Literatur, aber auch im Engagement für die Erkenntnis. Aristoteles beginnt seine Metaphysik mit einer Wertung des Erkennens und formuliert es als Wesensbestimmung des Menschen: Alle Menschen streben von Natur aus nach Wissen.[52] Es sollte jedoch deutlich herausgestellt werden, daß Aristoteles hier ein normatives Ideal setzt, einen sinnstiftenden Hinweis auf ein mögliches Le-

V. Entzauberung

bensziel gibt und keine Beschreibung der tatsächlichen Einstellung aller Menschen vornimmt. Heute wie vor 2400 Jahren ist es nur einer Minorität ein Anliegen zu erfahren, was die Welt im Innersten zusammenhält. Immerhin, für diese kleine Gruppe bedeutet Wissenserwerb auch Sinngewinn, und ein erfolgreiches Forscherleben hat im Rückblick sicher seine Erfüllung gefunden.

Einen Einwand gegen Max Webers Negieren jeglichen objektiven Sinnes sollte man an dieser Stelle berücksichtigen. Dieser wurde explizit von Viktor Frankl, dem Begründer der Logotherapie, formuliert. Er und andere Verteidiger eines überpersönlichen Sinnes ziehen sich zu dessen Konstitution bevorzugt auf eine transrationale Ebene zurück:

»Darüber hinaus gibt es einen allgemeinen Sinn... einen letzten Sinn. Er ist ein Übersinn in dem Sinne, daß er über unser rein rationales Fassungsvermögen hinausgeht... dieser Sinn ist wissenschaftlich nicht faßbar, er entzieht sich dem Zugriff jeder Wissenschaft.«[53]

Um die Existenz dieses Übersinnes zu stützen, greift Frankl zu einem Bild. Danach gleicht die Wissenschaft *einer* Ebene im Raum, in der aber die Sinnhaftigkeit des Ganzen nicht sichtbar wird, weil sie eine Projektionsebene darstellt, in der der Sinn nicht repräsentiert ist. Erst in einer zu der Wissenschaftsebene orthogonalen Ebene zeigt sich der Sinnzusammenhang auf Grund der andersartigen Projektion.

Frankls Bild stellt das übliche fahrlässige Spiel mit logischen Möglichkeiten dar, das auch bei der Argumentation um die Existenz transzendenter Wesenheiten immer wieder eingesetzt wird. Der Mißbrauch besteht darin, daß Frankl nicht den leisesten positiven Hinweis auf das Vorhandensein jener transrationalen Projektionsebene anführen kann, auf der sich die in der Wissenschaft sinnfrei gebliebenen Elemente zum großen allgemeinen Sinn zusammenfügen. Er postuliert diese Sinnebene, ohne im mindesten den Fall ausschließen zu können, daß sie eine Illusion darstellt.

Um es nochmals zu wiederholen, das Fehlen von guten Gründen für den Übersinn ist der beste Grund gegen dessen Existenz. In keinem empirischen Kontext nehmen wir logische Möglichkeiten ontologisch ernst. Die transrationale Projektionsebene Frankls als eine zusätzliche Quelle von Sinnevidenzen ist nicht denkunmöglich, aber angesichts der geringen Konkordanz von Evidenzurteilen sehr unglaubwürdig. Anders gesagt, was der einzelne als evident ansieht, leuchtet vielen anderen überhaupt nicht ein. Formal handelt es sich bei Frankls Rettungsversuch des objektiven Sinnes um eine Variante des Argumentes zu Gunsten transzendenter Realitäten von der religiösen Erfahrung her. Auch dieses entbehrt der logischen Stringenz, weil noch niemand ein Kriterium entwickelt hat, religiöse Evidenzen von Scheinevidenzen zu trennen. Zudem wurden im Laufe der Religionsgeschichte derartig disparate und gegensätzliche Inhalte aus der religiösen Intention hervorgebracht, daß es überhaupt nicht naheliegt, alle diese Erfahrungsberichte als Spiegelungen einer weiteren autonomen Wirklichkeitsebene anzusehen.

Große Wissenschaftler wie etwa Einstein haben der Suche nach den fundamentalen Gesetzen des Universums quasi-religiösen Anstrich gegeben. Man muß sich allerdings von dieser Sprechweise, die man auch kosmische

V. Entzauberung

Religiosität nennen kann, nicht täuschen lassen. Wenn Einstein sagt:

»... science can only be created by those who are thoroughly imbued with the aspiration towards truth and understanding. This source of feeling, however springs from the sphere of religion. To this there also belongs the faith in the possibility that the regulations valid for the world of existence are rational that is comprehensible to reason«[54], dann meint er, daß es jenseits der persönlichen Vorstellungswelt eine transpersonale Ordnung der Dinge gibt, deren Existenz die Voraussetzung für eine rationale Erforschung der Natur darstellt. Diese objektive, für den Menschen intelligible Gesetzesartigkeit der Realität ist eine philosophische Annahme, die dem Streben nach Wahrheit Sinn verleiht.

Einstein läßt aber auch keinen Zweifel, daß die Gesetzesartigkeit der Natur ein Eindringen außernatürlicher Einwirkungen in die Welt unmöglich macht.

»The more a man is imbued with the ordered regularity of all events, the firmer becomes his conviction that there is no room left by the side of this ordered regularity for causes of a different nature.«[55]

Aus diesem Grund fordert er die Lehrer der Religion auf, die Hypothese vom personalen Gott aufzugeben und sich der Erziehung der Menschen zu den humanistischen Idealen zu widmen. Man kann diese Einstellung naiv nennen, denn die Kernthese, zumindest der abendländischen Hochreligion, ist ja gerade die Abhängigkeit der Welt von einem persönlichen Schöpfergott. Es gibt keinen Grund, die ethischen Ideale des Humanismus mit dem Namen Religion zu belegen.

Auch eine Identifizierung der Naturgesetze oder der Ordnungsstruktur des Universums mit dem traditionellen Namen für ein höchstes Wesen stellt eine willkürliche semantische Verschiebung dar und hat mit dem herkömmlichen Theismus so gut wie gar nichts mehr gemeinsam. Es ist nur der Ausdruck einer gewissen Ehrfurcht vor der Harmonie der Welt, ihrer hohen Symmetrie und ihrer erstaunlichen mathematischen Einfachheit. Um Religion im engeren Sinn handelt es sich erst dann, wenn als tiefere Begründung für diese Harmonie nach einem höchsten personalen Wesen gesucht wird, das diese Ordnung gestiftet hat. Pantheismus stellt demnach nicht eigentlich eine religiöse Haltung gegenüber dem Kosmos dar, sondern beinhaltet eine Naturalisierung dieses transzendenten Wesens, das nun in der Welt, nämlich als deren Struktur angesiedelt wird. Auch eine erhabene Sprache von der Ordnung des Universums ändert metaphysisch gesehen nichts.

Es kann also kein Zweifel bestehen, auch die Zuwendung zum Kulturgeschehen, sei es Wissenschaft, Musik oder Literatur als temporärer subjektiver Ersatz für die erfolglose Ortung des objektiven Sinns, bedeutet letztlich nur ein Abwenden, ein Schließen der Augen vor der sinnneutralen kosmischen Einbettung aller kulturellen sinnhaften Vorgänge. Auch dies hat bereits Max Weber genau gesehen und pointiert formuliert: »Kultur ist ein vom Standpunkt des Menschen aus mit Sinn und Bedeutung bedachter endlicher Ausschnitt aus der sinnlosen Unendlichkeit des Weltgeschehens«.[56] Man muß seine Aufmerksamkeit nicht unentwegt auf die kosmische Einbettung richten, und wir werden noch gute Gründe dafür

V. Entzauberung

bringen, daß diese Fixierung kein Glück bringt, aber wenn man es tut, kann kein Zweifel an der von Weber so treffend charakterisierten Situation bestehen.

Auch die Ästhetik des kosmischen Geschehens, wie sie in berühmten Worten von Kant beschworen wurde, ist grundsätzlich betrachtet kein fester Boden, wo man den Sinn verankern könnte. In dem Beschluß zur Kritik der praktischen Vernunft äußert Kant sein Staunen über zwei Befunde der Welt:

»Zwei Dinge erfüllen das Gemüt mit immer neuer und zunehmender Bewunderung und Ehrfurcht, je öfter und anhaltender sich das Nachdenken damit beschäftigt: *der bestirnte Himmel über mir und das moralische Gesetz in mir*«.[57]

Der Anblick des Kosmos löst auch in Kant das Gefühl der Bedeutungslosigkeit und der Durchgangshaftigkeit der menschlichen Existenz aus.

»Der erste Anblick einer zahllosen Weltenmenge vernichtet gleichsam eine Wichtigkeit als eines tierischen Geschöpfs, das die Materie, daraus es ward, dem Planeten, einem bloßen Punkt im Weltall, wieder zurückgeben muß, nachdem es kurze Zeit, man weiß nicht wie, mit Lebenskraft versehen gewesen.«[58]

Kant glaubt aber immerhin, daß zumindest die zweite Beobachtung den Menschen doch über das empirische Universum und seine Vergänglichkeit erhebt.

»Der zweite erhebt dagegen meinen Wert als einer Intelligenz unendlich durch meine Persönlichkeit, in welcher das moralische Gesetz mir ein von der Tierheit und selbst von der ganzen Sinnenwelt unabhängiges Leben offenbart...«[59]

In dieser zweiten Einschätzung hat die nachfolgende Wissenschaft Kant nicht bestätigt. Disziplinen wie Psychobiologie und evolutionäre Ethik verbinden auch das moralische Gesetz mit der Sinnenwelt, und damit haben beide auch an der Endlichkeit und Vergänglichkeit teil. Moralische Regeln lassen sich nach heutigem Wissen als biologische Adaption erklären, die eine nützliche Rolle beim Überleben einer Population gespielt haben, als diese unter dem Zwang stand, ihr Sozialleben optimal zu regeln. Das moralische Gesetz entsprang nicht der Vernunft eines einzelnen, sondern es entstand spontan als Resultat ungezählter Kooperationen in der Gesellschaft.

Aus heutiger Perspektive lassen sich sogar Kants zwei Objekte der Bewunderung verbinden. Es ist kein Zufall, daß ein Lebewesen, das ein Sittengesetz in sich entwickelt hat, über sich einen Himmel mit zahllosen Sternen erblickt. Alle diese leuchtenden Sonnen der Galaxis waren nämlich daran beteiligt, die notwendigen materiellen Vorbedingungen zu schaffen, ohne die ein organisch intelligentes, moralisches Wesen niemals hätte entstehen können. Kant würde vermutlich heute noch mehr von Ehrfurcht erfaßt sein, wenn er erfahren hätte, daß seine Gegenstände der Bewunderung kausal zusammenhängen.

Der Naturalismus ist seit Kant immer weiter fortgeschritten. Dies bedeutet aber auch die Anbindung des Kulturgeschehens an die Geschichte der Natur. Es gibt keine idealistischen Räume, in denen der Geist für sich arbeitet. Deshalb ist die Tätigkeit des Geistes an Aufstieg und Abstieg der Natur gebunden. Heute kann man es bereits aussprechen, daß sämtliche sittlichen und kulturellen Leistungen, die die Menschheit je hervorgebracht hat

V. Entzauberung

oder noch hervorbringen wird, in kosmischer Perspektive dem Zerfall und dem Vergessen anheimgestellt sind. Kant hat seine Überlegungen angestellt, ehe sich das etabliert hat, was wir heute physikalische Eschatologie nennen.[60] Diese kosmologische Theorie der Endzeit gründet in bestimmten Überlegungen des 19. Jahrhunderts auf der Basis des zweiten Hauptsatzes der Thermodynamik. Dieser drückt aus, daß jene Zustandsgröße eines abgeschlossenen physikalischen Systems, welche dessen Ordnungszustand wiedergibt, nämlich die Entropie, niemals abnehmen kann. Wenn dieser Satz auf die Welt im Großen angewendet werden kann – und es ist erst einmal nicht zu sehen, was das verhindern soll –, dann sind ihm tatsächlich alle, wie auch immer zustande gekommenen, temporär stabilen, hochentwickelten komplexen Strukturen unterworfen. Den Endzustand maximaler Entropie bezeichnet man auch als Wärmetod, weil dort kein Strukturaufbau mehr möglich ist. Joseph Loschmidt hat deshalb von dem »terroristischen Nimbus des zweiten Hauptsatzes« gesprochen, »welcher ihn als vernichtendes Princip des gesamten Lebens im Universum erscheinen läßt«.[61] Im quantitativen Detail hat sich am Wärmetod des Universums, so wie er von den Physikern des 19. Jahrhunderts konzipiert wurde, durch den Eingriff der Quantenmechanik und Relativitätstheorie zwar einiges geändert, qualitativ jedoch ist die grundsätzliche Zerfallstendenz der kosmischen Zukunft erhalten geblieben. Die Langzeitentwicklung des Universums führt zu einem ewig expandierenden, sich immer dem absoluten Nullpunkt der Temperatur annähernden Strahlungssee, in dem kein Platz mehr für eine Neubildung komplexer

Strukturen ist, die zu späten Zeiten noch einmal Informationserzeugung und damit auch nur temporäre Erzeugung von Sinn betreiben könnten. In der kosmischen Perspektive ist alles Leben im Universum – und darin ist auch alles denkbare extraterrestrische Leben eingeschlossen – als endliches Durchgangsstadium anzusehen. Auf eine kurze Phase des Strukturaufbaus folgt im Universum eine unermeßliche Zukunft, die rein materiell, unerkannt und unbelebt ablaufen wird.[62] Wenn Kopernikus den ersten Schritt getan hat, den menschlichen Wohnort aus dem Zentrum des Universums zu rücken, so hat die moderne Kosmologie und Eschatologie den Menschen ins räumliche und zeitliche Nirgendwo gesandt. Es ist nicht zu erwarten, daß sich diese Tendenz der Wissenschaft in absehbarer Zeit umkehren wird. Einige Ansätze in dieser Richtung, die wir noch besprechen werden, haben sich als nicht tragfähig erwiesen.

Würde sich an der bedrückenden Erfahrung der Verlorenheit etwas ändern, wenn der Mensch auf extraterrestrische Intelligenzen (ETI) stieße? Wären das dann Brüder im All oder eher Konkurrenten? Man muß eher daran zweifeln, daß sich aus Kontakten mit Außerirdischen neue Sinnerfahrungen ergäben. Die Menschen haben sich immerhin unter den Tieren das doppelte Prädikat »sapiens« zugelegt, was darauf hindeutet, daß sie ihre denkerische Leistung für kaum übertreffbar einschätzen. Die Biologen versuchen ihnen diese durch nichts als die eigene Eitelkeit belegte Einzigartigkeit ihrer Intelligenz immer wieder auszureden, aber es fällt offensichtlich schwer, dies zu akzeptieren. Der Soziobiologe Volker Sommer drückt es deutlich aus: »Deshalb sei klar

V. Entzauberung

gesagt: die unselige Trennung zwischen ›dem Menschen‹ einerseits und ›dem Tier‹ andererseits gehört in den Reißwolf des Wissenschaftsbetriebes. Zwar mag der Mensch diese und jene Besonderheiten haben, die ihn von anderen Lebewesen unterscheiden, doch die Besonderheiten – besser gesagt Einzigartigkeiten – sind auch allen anderen Lebewesen zuzugestehen. Hören wir nun endlich auf, unseren Denkapparat für des Pudels Kern zu halten.«[63] Die Abstraktion, unsere Intelligenz nur für eine Stufe in einer denkbaren offenen Skala von Vernunftformen zu halten, widerstrebt dem Menschen. Deshalb muß man vermuten, daß die Menschen beim Kontakt mit geistig höher entwickelten Lebewesen zuerst viele Ausreden erdenken und Vorwände erfinden würden, um diese Höherentwicklung nicht anzuerkennen. Wenn sich dann die Überlegenheit der ETI's aber nicht leugnen ließe, würde sich die Demütigung vermutlich in Aggression verwandeln. Man kann sicher davon ausgehen, daß die Menschen sich nicht freuen würden, daß sie nun nicht mehr so alleine im Weltall sind. Schon die bekannte Xenophobie [ὁ ξένος = der Fremde] der Populationen gegenüber irdischen Fremden spricht dagegen. Als moralisches Problem für einen Homo superbus dazustehen,[64] das paßt nicht in das hochgezüchtete Selbstverständnis, das unsere Spezies traditionell mit sich herumträgt. Zudem könnten auch noch so hoch entwickelte ETI's keinen Trost spenden in Sachen jener eschatologischen Kränkung, daß alle komplexen Strukturen mit versiegenden lokalen Energiequellen spurlos verschwinden müssen.

Solche Überlegungen setzen überdies voraus, daß eine entdeckte fremde Intelligenz in irgendeiner Weise mit unserer Vernunft vergleichbar ist. Wir dürfen jedoch nicht vergessen, daß wir immer mit *unserer* Phantasie und *unserem* Vorstellungsvermögen den Suchplan nach intelligenten Signalen aus dem Weltraum aufstellen. Es bleibt der logische Einwand bestehen, daß es immer *unsere* Phantasie ist, die hier arbeitet. Da wir keine allgemeine Theorie jeder möglichen Intelligenz kennen, läßt sich nicht ausschließen, daß es Verstandesformen gibt, die wir nicht einmal als solche entschlüsseln würden. Somit käme es gar nicht zu einer Vergleichsskala und komparativen Gewichtung. Lediglich über die physikalischen Randbedingungen von Intelligenzentstehung können wir heute etwas aussagen.

Wir dürfen uns auch nicht in die Vorstellung verrennen, daß die außerirdischen Besucher sich in erster Linie von dem entzückt zeigen würden, was wir für so eminent wichtig halten, nämlich unseren Intellekt. Edward Wilson weist darauf hin, daß die Wissenschaftler unter ihnen zu der Auffassung gelangen könnten, »wir Menschen seien uninteressant, unsere Intelligenz gering, unser Gefühlsleben ohne Überraschungen und unsere soziale Organisation von einer Beschaffenheit, wie sie schon häufig auf anderen Planeten angetroffen wurde.«[65] Es könnte leicht sein, meint Wilson weiter, daß die Fremden die *Ameisen* auf unserem Planeten viel aufregender finden würden, weil sie als »haplodiploide soziale Organismen[66] im Ein-bis-zehn-Millimeter-Bereich« einzig in der gesamten Galaxis sind. Wir dürfen eben nie vergessen, daß bei allen Sonderstellungsfragen wir es bisher immer nur selber waren, die die Schlüsselmerkmale unserer Spezies in den Fokus genommen haben.

V. Entzauberung

Wie immer die ETI's auch beschaffen sein mögen, auf Grund der Universalität der physikalischen Gesetze werden sie nur als offene Systeme, fern vom thermodynamischen Gleichgewicht, existieren. Um den Fluß von Materieenergie über den Rand des Systems aufrechtzuerhalten, bedarf es permanenter stabiler Energiequellen. Auch noch so exotische Intelligenzformen können sich dieser Bedingung nicht entziehen. Da auch die langlebigen, massearmen Sterne spätestens nach 10^{14} Jahren ausgebrannt sein werden, müssen alle Lebens- und Intelligenzarten dem Schicksal der Dinosaurier folgen, sie werden aussterben. Obwohl also die Entdeckung von ETI's, vor allem wenn sie eine höhere Form von Intelligenz repräsentieren würden, eine enorme Erschütterung unseres gesamten Wertesystems mit sich brächte, hinsichtlich der menschlichen Durchgangssituation in der kosmischen Entwicklung könnten uns die Mitlebewesen im Weltall nicht helfen.

Überdies gibt es mehrere Arten von Zweifel in bezug auf die Existenz von außerirdischem Leben: Der erste ist der der Identifikation. Auf Grund der Spielräume, die die Biochemie gestattet, ist es gar nicht selbstverständlich, daß wir beliebige Lebewesen als solche überhaupt erkennen würden. Es könnte sein, daß sie derartig exotische und für uns völlig unbekannte Eigenschaften besitzen, daß wir sie nicht von anderen Materieanordnungen trennen können. Es ist schon deshalb sehr euphemistisch, von kosmischen Brüdern und Schwestern zu sprechen, wenn es sich unter Umständen um höher organisierte interstellare Gaswolken handelt.

Darüber hinaus ist es noch aus einem anderen Grund

fraglich, ob irgendeine Art von solchen intelligenten Lebewesen existiert. Frank Tipler hat ein plausibles Argument entwickelt, wonach zumindest in unserer Galaxis kein intelligentes Leben vorhanden ist. Die Überlegung, die bereits auf Enrico Fermi zurückgeht, besagt, daß jede Population von ETI's, die die Technologie für interstellare Kommunikation besitzt, auch die Technik für interstellare Raumfahrt entwickelt hätte und deshalb bereits in unserem Sonnensystem aufgetaucht wäre. Da sie nicht gekommen sind, gibt es sie vermutlich nicht.[67] Nun gilt nach einer bekannten methodischen Regel: »absence of evidence is not evidence of absence«, d. h. aus dem Fehlen einer Spur oder eines empirischen Datums läßt sich nicht erschließen, daß die Ursache dieser Erfahrungstatsache nicht existiert.[68] Und so wird auch heute noch das sogenannte SETI-Projekt [search for extraterrestrial intelligence] weiter verfolgt, auch wenn die Meinungen über dessen Erfolgsaussichten geteilt sind.[69] Wie wir gesehen haben, wird sich doch hinsichtlich der Sinnfrage und der kosmischen Lage der Menschheit nichts grundsätzlich ändern, selbst wenn die Suche erfolgreich verliefe. Als die Titanic zum Untergehen verurteilt war, nutzte es den Passagieren nichts, daß viele Mitmenschen an Bord waren, die das gleiche Schicksal erfahren mußten.

Das Bewußtsein um die kosmische Situation des Menschen hat heute sogar schon die Barriere zwischen den zwei Kulturen durchdrungen, wie Peter Snow die wissenschaftliche und die literarische Geisteshaltung genannt hat. Auch geisteswissenschaftlich orientierte Philosophen rezipieren und reflektieren die Lage der Menschheit, wie

V. Entzauberung

sie sich aus der Perspektive der relativistischen Thermodynamik ergibt. Kaum jemand hat sich sorgenvoller um die kosmische Bedeutungslosigkeit des Menschen gekümmert als Hans Blumenberg.[70] Auch er sieht in der kosmologischen Anwendung des Entropiesatzes die härteste Zumutung für das Selbstverständnis des Menschen, das dieser je erfahren hat:

»Nicht die astronomische Theorie des Sonnensystems oder der gewaltigen Ausdehnung und Leere des Universums, nicht die Theorie der biologischen Evolution, nicht die Theorie des Unbewußten und seiner Unbeherrschbarkeit durch das Ich, sondern die Astrophysik und die Anwendung des zweiten Hauptsatzes der Thermodynamik auf das Ganze des Weltalls war die Zerstörung des verbliebenen Restes der Illusionen: Herstellung der absoluten Trostbedürftigkeit angesichts dessen, was mit einem harmlos klingenden Ausdruck des vergangenen Jahrhunderts ›Wärmetod‹ genannt wurde.«[71]

Wenige werden widersprechen wollen, daß wir Menschen in dieser Lage trostbedürftig sind. Läßt sich aber nun daraus eine tragfähige Brücke zum Ertragen der kosmischen Situation bauen? So wenig die Erfahrung von Durst in der Sahara einen Anhalt für die Existenz von lebensrettendem Wasser bedeutet, so wenig stellt die Konstatierung der Trostbedürftigkeit des Menschen angesichts seines Sinnhungers in der kosmischen Wüste einen guten Grund für die Existenz von Sinn dar. Blumenberg spielt auch mit dem Gedanken einer Tröstung, wonach wir uns vor Augen halten sollten, daß unsere Welt noch schlimmer sein könnte, als sie ist. Angewendet auf den schwach glimmenden Rest des primordialen Feuerballes, nämlich die Hintergrundstrahlung des Weltraums mit der Temperatur von 3 K, bedeutet dies, daß das Universum heute noch eine kleine »Restwärme« besitzt, die sie vom absoluten Nullpunkt trennt. Ich weiß nicht, ob zahlreiche Menschen in der Lage sein werden, diese kleine Temperaturdifferenz als »symbolisches Zugeständnis ans Gemüt« zu deuten[72], vor allem angesichts der Tatsache, daß die Temperatur ja konstant abnimmt (bei $t = 10^{27}$ Jahren ist die Mikrowellenhintergrundstrahlung bereits auf 10^{-18} K abgesunken). Andererseits besteht kein Zweifel, daß Tröstungen, wenn sie versucht werden, vom charakteristischen Typus sind, auf Züge der Welt hinzuweisen, die noch nicht ihr Pessimum erreicht haben. Immerhin, wenige Denker haben so offen wie Blumenberg die kosmische Lage der Menschheit akzeptiert, ohne in intellektuell unredliche Auswege zu verfallen. Auf der Suche nach dem Sinn haben die Menschen nichts unversucht gelassen, Illusionen nachzulaufen, um der kosmischen Trostlosigkeit zu entkommen.

VI. Illusionen

Lange Zeit haben sich Philosophen und Kulturtheoretiker und andere selbsternannte Verwalter des menschlichen Geistes gegen die reduktionistischen Tendenzen der Naturwissenschaften gewehrt und vielfältige Versuche entwickelt, den Menschen in seinen höheren mentalen Funktionen des Geistes und der Emotionen aus dem Naturzusammenhang herauszuhalten. Dies geschah, indem sie dualistische oder gar mehrstufige pluralistische Ontologien konstruierten, wodurch Gefühle und geistige Aktivitäten als autonome Schichten der Realität geführt werden konnten, die nicht auf einen physischen Träger angewiesen sind. Descartes Trennung von res cogitans und res extensa gehört hierher genauso wie Kants mundus sensibilis und mundus intelligibilis. In wachsendem Maße etablierten sich jedoch naturwissenschaftliche Disziplinen, die diese scheinbar autonomen Ebenen des Geistes an das natürliche Substrat anbanden und in vielen Fällen sogar darauf zurückführen konnten. Heute verstärkt sich der Eindruck, daß alle diese pluralistischen Ontologien, die die historische Aufgabe hatten, den Menschen mindestens in einigen Teilfunktionen von dem Kontext Natur zu separieren, *metaphysische Illusionen* darstellen, die einem dringenden Sinnverlangen entsprachen, aber unter dem Druck der wissenschaftlichen Faktizität nicht zu halten sind.[73] In den metatheoretischen Deutungen der Naturwissenschaft kommt dieser Pluralismus heute allenfalls noch als systemtheoretische Vielfalt einer strukturalen Schichtverfassung alles Lebendigen vor,[74] d. h., man denkt in einer Vielfalt von hierarchischen *Strukturen*, aber nicht in einer Mannigfaltigkeit von *Substanzen*. Die ernsthafte Debatte findet heute statt zwischen einem eliminativen Materialismus, der alles Seelische als Illusion ansieht, und einem emergentistischen Pluralismus, der das Mentale für real hält, aber doch an bestimmte strukturale Komplexitäten der Materie binden möchte. In eindrucksvoller Weise bemächtigen sich heute neue Disziplinen wie die Psychobiologie auch der geheimsten und intimsten Regungen unseres Gefühlslebens. Nun bedeuten kausale Erklärungen von emotionalen Zuständen keineswegs eine Leugnung oder ein Wegerklären dieser seelischen Befindlichkeiten, sondern vielmehr eine andersartige Entschlüsselung. Eine psychobiologische Erklärung ist keineswegs identisch mit der Verteidigung des illusionären Charakters aller Emotionen. Sehen wir uns das Beispiel der Gefühle etwas genauer an: Bei den derzeitigen Vorstellungen entstehen die Gefühle im limbischen System (lateinisch: limbus – Saum, Rand; phylogenetisch alter Bereich der Großhirnrinde), und zwar als Reaktionen auf verschiedene Nervenreize. Vom limbischen System führen Nervenbahnen zu dem Stirnlappen der Großhirnrinde, wo Gefühle wahrgenommen, sprachlich geformt und gedeutet werden. Diese beiden Regionen beeinflussen den Hypothalamus, dieser sendet dann Signale aus, die die zu den Gefühlen passenden körperlichen Reaktionen auslösen. Identifizierbare Teile des limbischen Systems sind offenbar der Ort bestimmter Gefühle: Das Septum hat mit Freude zu tun, der Mandelkern Amygdala mit Wut und Angst, der Thalamus mit Schmerz. Das euphorische Hochgefühl der Verliebtheit zweier Men-

VI. Illusionen

schen hängt von den natürlichen Opiaten des Gehirns ab, den Endorphinen. Soziohormone wie etwa die Pheromone steuern die Zuneigung der Partner, ohne daß es den Betroffenen im geringsten bewußt wird.[75] Das Nichtwissen um die im verborgenen wirkende chemische »unsichtbare Hand« bezeichnet man nach Garry Schwartz als Paradoxon der Selbstregulierung des Gehirns.[76] Das Gehirn ist zwar für seine eigene Steuerung verantwortlich, erzeugt seine eigenen Gefühle, Gedanken und Handlungen, besitzt aber dennoch keine direkte Erfahrung von dem Vorgang der Steuerung. Der Mensch erfährt sich selbst nicht als jemand, dessen Organ die Erfahrungen seines Bewußtseins erzeugt. Gerade weil der Erzeugungsprozeß von mentalen Phänomenen im verborgenen erfolgt, wird der Mensch so überrascht, aber auch gekränkt und verstört durch eine neurochemische Deutung seiner Emotionen. Die dualistische Deutung der Gefühlswelt ist Teil des Alltagsverstandes, sie drängt sich auf, weil wir die Neurochemie unseres Gehirns selber nicht durchschauen. Die Philosophen haben sich unwissentlich am Alltagsverstand orientiert, wenn sie rationale Begründungen für dualistische Leib-Seele-Modelle vorgeschlagen haben. Das Konzept von Descartes mit der Zirbeldrüse als Relais zwischen der immateriellen res cogitans und der materiellen res extensa ist der Prototyp aller dualistischen Wechselwirkungsmodelle, die bis heute immer wieder entworfen wurden. Descartes hat sich selbst als Neurologe versucht[77] und ein Hirnfunktionsmodell entworfen, das aber bereits von seinem Zeitgenossen Nicolaus Steno als anatomisch falsch kritisiert wurde. Immanuel Kant bemühte sich als Philosoph, die grundsätzliche, begriffliche Unmöglichkeit der Lokalisation seelischer Funktionen nachzuweisen. Nach Kant kann man den Ort der Seele nicht nach Art der räumlichen Wahrnehmung von materiellen Objekten identifizieren. So schreibt er: »nun kann die Seele ... sich selbst schlechterdings keinen Ort bestimmen, weil sie sich zu diesem Behufe zum Gegenstand ihrer eigenen äußeren Anschauung machen und sich außer sich selbst versetzen müßte; welches sich widerspricht«.[78] Kant dachte also an eine direkte innere Beobachtung der Lokalisation des Selbstes, als er deren metaphysische Unmöglichkeit beweisen wollte. Sein Argument, jeden Versuch, dem Selbst einen neurologischen Ort zuzuweisen, als widersprüchlich aufzuzeigen, hängt letzten Endes an seinem erkenntnistheoretischen Ansatz, daß alle Erkenntnis über die Welt Sinnenerkenntnis sein muß. Die späteren Autoren, die nach lokalisatorischen Zuordnungen der höheren Hirnfunktionen zu bestimmten Großhirnarealen fragten, überschritten diese enge empiristische Bedingung und entwarfen theoretische Hirnmodelle, in denen auch das Selbst einen physiologischen Ort hat. Heute hält der Großteil der Neurophilosophen eine naturalistische Theorie des Geistes durchaus für möglich.[79] Es steht also nicht gut um den Versuch, den Menschen dadurch aufzuwerten, daß man ihm idealistische Dimensionen zuweist, die vom Naturzusammenhang abgehoben sind. Ganz im Gegenteil, die Wissenschaft nimmt sich nach und nach aller Refugien an, in denen sich noch etwas Außernatürliches versteckt halten könnte.

Dies betrifft auch alle sogenannten unkonventionellen Verfahren in der Medizin, ein Bereich, in dem sich heute

VI. Illusionen

ein spiritualistisches Naturverständnis hartnäckig hält, ja trotz aller Aufklärungsarbeit der Wissenschaft stetig im Wachsen begriffen ist. Die moderne Medizin hat alle ihre Erfolge unter naturalistischen Grundannahmen erzielt. Hans Eberhard Bock faßt die Voraussetzungen heutiger Krankheitsforschung kompakt zusammen:

»Der Mensch ist ein Stück Natur und ihrer Evolution, die bis in die Gehirnwindungen noch heute im Gang ist. Es ist nicht nur Heuristik und Theorie, Krankheiten als ›Experimenta naturae‹ anzusehen, zu hinterfragen und zu beforschen. Wie in der Wissenschaft üblich, bedient man sich zur Analyse komplizierter Zusammenhänge einer reduktionistischen Untersuchungsanordnung, die wohlüberlegt die jeweils störenden Faktoren ausschaltet. Dazu braucht man das Experiment auf allen Stufen der hierarchischen Funktionsordnung. Die so gewonnene Wesenserkenntnis von Krankheits- und Heilungsvorgängen und die darauf aufbauende Korrespondenz von Pathophysiologie und Therapie eröffnet den Königsweg zum Erfolg.«[80]

Damit ist die Einbettung des Menschen in den Gegenstandsbereich der Naturwissenschaft auch in bezug auf Aitiologie, Erklärung und Therapie des Phänomens Krankheit ausgesprochen. Selbstredend ist diese Erkenntnis nicht neu, aber angesichts der geradezu unheimlich anwachsenden Akzeptanz und Praxis von spiritualistischen, paramedizinischen Praktiken[81] ist es doch wichtig, sich noch einmal zu vergewissern, daß all diese zumeist schädlichen bis nutzlosen Therapien auf einer magischen Weltanschauung beruhen, die die Existenz übersinnlicher Mächte in Anspruch nimmt. Damit wird wieder einmal deutlich, daß Spiritualismus und Supernaturalismus nicht handlungsneutrale Deutungsschemata der Welt darstellen, sondern eine enorme Valenz für die Gestaltung des Lebens besitzen. Die praktische Relevanz der spiritualistischen Alternativmedizinen wird dann besonders deutlich, wenn wichtige lebensrettende Therapien der wissenschaftlichen Medizin durch das ungerechtfertigte Vertrauen in diese Alternativen versäumt werden. Hier kann die Differenz von naturalistischer und spiritualistischer Weltdeutung zu einer Sache von Leben und Tod werden.

Sinn und Bedeutung des menschlichen Daseins wurden sehr oft nicht nur mit einem ideellen Personkern assoziiert, sondern auch mit dem *Wertaspekt* des menschlichen Daseins. Im Unterschied zu allen anderen Lebewesen wurde der Mensch gedacht als jemand, der Werte schafft, pflegt und erhält, der Normen aufstellt und sie befolgt oder übertritt. Aber auch in dieser Hinsicht, also in bezug auf seine Wertvorstellungen, bereitet die Wissenschaft den Menschen Sinnverluste und Demütigungen. Hinter den primären hohen ethischen Zielen der Selbstlosigkeit finden die Soziobiologen den langzeitlichen Egoismus der Gene wieder, der eine Optimierung unserer Überlebenschancen darstellt. Der Eigennutz genießt in der offiziellen Werteskala kein hohes Ansehen. Dem Menschen wird nur in bezug auf sehr elementare lebenserhaltende Funktionen egoistisches Verhalten zugestanden. Aber die Biologen können sogar eine strategische Erklärung dafür liefern, daß die Menschen diese Werteskala so eingerichtet haben. Wir sind erfolgreicher, wenn wir niemanden merken lassen, daß wir Egoisten sind, ja, es ist sogar noch

VI. Illusionen

besser, wenn wir selber davon gar nichts wissen.« Unser Egoismus ist erfolgreicher, wenn wir der festen Überzeugung sind, selbstlos zu handeln – überzeugt unsere Überzeugung so doch auch andere.«[82] Diese Entschlüsselung der moralischen Werte des altruistischen Handelns als verborgenen genetischen Eigennutz liefert eine weitere Eingemeindung eines abstrakten Ideals in einen Naturzusammenhang. Was vordem Ergebnis der Ideation, der Tätigkeit eines reinen Vernunftwesens war, wird zum Naturprozeß. Dem Platonismus der Werte geht es nicht gut in dieser Perspektive. Je stärker das Erklärungsangebot von seiten der Wissenschaft wird, desto unplausibler wird die Existenz eines Wertehimmels. Methodisch gesehen handelt es sich um einen Hypothesenvergleich: Kann eine idealistische Werttheorie noch akzeptierbar sein, wenn auf der anderen Seite ein detaillierter Aufweis genetischer Vorteile steht, eine Hypothese, die ontologisch sparsamer und empirisch besser kontrollierbar ist?

Sogar der Vernunft selbst, traditionell als die fast uneinnehmbare Festung der idealistischen Philosophie angesehen, hat sich die Wissenschaft angenommen. Die Wissenschaft verwendet die Vernunft nicht nur, um die Welt und ihre Erscheinungsformen zu verstehen, sie versucht auch zu erklären, wie das Vermögen der Kognition in der Natur zustande gekommen ist. Die theoretische Analyse der Vernunft hat eine horizontale und eine vertikale Dimension. Horizontal rekonstruieren die Informatiker, also die Mathematiker, das Denken im Computermodell des Gehirns. Danach ergibt sich dieses als ein biologisches, neuronales Netz, zwar mit erstaunlichen schöpferischen Fähigkeiten, aber auch mit sichtbaren Begrenzungen in der Theoriebildungsfähigkeit. Die Menschen besitzen phylogenetisch begrenzte Theorieräume, wir können auf Grund des ererbten neuronalen Bauplanes unseres Gehirns nur bestimmte theoretische Abstraktionen vornehmen. Deshalb befürworten Neuroinformatiker die Konstruktion technischer, neuronaler Netze, um z. B. jene globalen ökologischen Probleme in den Griff zu bekommen, die der Mensch zwar noch hervorbringen, aber nicht mehr lösen kann.[83] Sicherlich gehört die Einsicht, daß die menschliche Vernunft eine kontingente, historisch gewachsene, nicht beliebig in der Leistung zu steigernde biologische Hardware besitzt, in die Linie der Freudschen Kränkungen, die abermals die Zufälligkeit unseres Kognitionsvermögens kennzeichnet und damit zur Sinnreduktion beiträgt. Man kann allerdings darin einen gewissen Trost sehen, daß der Mensch im Prinzip neuronale Netze bauen kann, die ihn in seiner Leistungsfähigkeit übertreffen. John D. Barrow und Frank Tipler haben diesen Gedanken spekulativ fortgedacht und das *finale anthropische Prinzip* formuliert, wonach ein Bewußtsein, das einmal in einem Universum entstanden ist, niemals ausstirbt.[84] Dazu müssen die beiden den Geist allerdings von seinem speziellen biologischen Trägersubstrat trennen und annehmen, daß Ideen auch auf völlig anderen Medien florieren und sich entwickeln können. Im Falle des finalen anthropischen Prinzips übernehmen die Computer die neuen Trägerfunktionen. Ihnen werden nach und nach alle menschlichen Ideen übergeben werden, aber auch das Wissen um den Computerbau, damit sie neue Generationen von leistungsfähigeren Systemen künstlicher Intelligenz entwickeln. Damit soll nicht nur

VI. Illusionen

unser kulturelles Erbe bewahrt bleiben, sondern die kommenden höheren Denkformen erhalten den Auftrag, den Weltraum zu kolonisieren und nach und nach völlig zu erfüllen.[85] So anheimelnd der Gedanke des Schutzes und der Obhut unserer Ideen durch künftige Systeme artifizieller Intelligenz auch sein mag, ist doch Skepsis angebracht.

Angesichts der Fragilität der menschlichen Existenz auf diesem Planeten und angesichts der ökologischen Probleme, denen unsere Spezies ausgesetzt ist, erscheint das finale anthropische Prinzip überzogen optimistisch zu sein. Es ist schon mehr als fragwürdig, ob die Menschheit den derzeitigen Engpaß ihrer Entwicklung überwinden wird. Noch mehr muß man zweifeln, ob die Zeit reicht, um die kosmischen Computer wirklich auf den Weg in den Weltraum zu bringen. Abgesehen von der technischen Durchführbarkeit dieser Utopie steckt hinter diesem finalen anthropischen Prinzip wiederum das alte Denkmuster, wonach man sich mit einer peripheren Rolle einer Durchgangssituation in der kosmologischen Entwicklung nicht bescheiden will. Die Computer sollen in einer Art intellektuellem Gewaltakt das Universum füllen und dem menschlichen Geist zur perennierenden Existenz verhelfen. Auch normative Skepsis ist angebracht. Immerhin hat unsere Art nicht nur bewundernswerte Kulturleistungen hervorgebracht, sie hat auch ein nicht unbeträchtliches Aggressionspotential in ihrem Bioprogramm gespeichert, einen Hang zur Indoktrination, starke Xenophobien: wenig Liberalität und Toleranz in ideologischer Hinsicht, wie die Phänomene der Inquisition, der Rassenverfolgungen, der kolonialen Ausbeutung anderer Völkerschaften überdeutlich belegen. In Hinblick auf diese zerstörerische Tätigkeit des Menschen auf diesem Planeten muß man, wenn man unserem Universum alles Gute wünscht, wohl eher hoffen, daß das Wunschdenken von Barrow und Tipler nicht in Erfüllung geht. Wenn schon das Universum mit intelligentem Leben angefüllt werden soll, dann wäre es besser, wenn diese geistige Kolonisierung von einem anderen Stern ausgeht.

Wir haben eben von einer horizontalen und einer vertikalen Analyserichtung der Vernunft gesprochen. Die vertikale Dimension der wissenschaftlichen Analyse der Vernunft besteht darin, sie diachron zu betrachten, d. h. durch die Zeiten; noch genauer durch die kosmischen Zeiten, die seit der endlichen Vergangenheit des Universums verflossen sind. In dieser Perspektive stehen wir vor einem Rätsel, das letzten Endes in dem überraschend hohen Erfolg der Naturbeschreibung gründet. Die Komplexitäts- und Chaostheoretiker haben die Frage ins Visier genommen, warum dieses spezielle Gehirn gerade heute in der Lage sein soll, die fundamentalen Gesetze der Natur zu erfassen? Es sieht ja gegenwärtig so aus, als ob eine einheitliche Theorie aller Kräfte, eine sogenannte »theory of everything« (TOE) wirklich in Reichweite wäre. Die Diskussion ist sicher nicht abgeschlossen, aber nehmen wir einmal an, wir fänden die TOE tatsächlich. Wie ist es nun denkbar, daß ein zwar sehr leistungsfähiger, aber materiell gesehen doch verschwindender Teil des Universums, nämlich unser Gehirn, in der Lage ist, die Kernstruktur des Universums zu erfassen? Es sieht fast so aus, als ob hier eine Synchronizität oder ein noch unbekannter Passungscharakter vorliegt, eine Art prästabilierte

VI. Illusionen

Harmonie von erkennendem und erkanntem System, die wir momentan noch nicht verstehen. Doch auch hier gibt es erste Vermutungen. Die Erkennbarkeit der Welt in Gesetzesform – heute von den Komplexitätstheoretikern als *algorithmische Kompressibilität* gefaßt – durch ein historisch gewachsenes cerebrales Subsystem wird selber zum Gegenstand von Erklärungsversuchen.[86] Diese Überlegungen führen tief in mathematisch anspruchsvolle Theorien der Quantenkosmologie hinein, die den Rahmen dieser Darstellung überschreiten würden. Für uns besitzt die Tatsache Bedeutung, daß selbst diese erstaunliche Übereinstimmung zwischen einer durch mathematische Algorithmen (Gesetze) faßbaren Welt und einem mit endlicher Denkkapazität ausgestatteten biologischen neuronalen Netz Gegenstand wissenschaftlicher Erklärung werden kann.[87] Solche weitgreifenden Theorieansätze stützen eine Behauptung von David Hilbert, die dieser schon 1930 ausgesprochen hat, wonach es überhaupt keine unlösbaren Probleme gibt.[88]

Die kühne Vermutung, daß überhaupt kein grundsätzlich analyseresistentes Phänomen in der Natur vorhanden ist, nennt man *Szientismus*. Es ist die bis jetzt hoch bewährte philosophische Hypothese, daß es im ganzen Universum keine jeglicher Erklärung gegenüber absolut widerspenstigen Erscheinungen gibt. Man kann es nicht logisch ausschließen, daß einmal eine völlig gesetzlose Tatsache oder ein für endliche Vernunftwesen theoretisch undurchdringliches Phänomen auftauchen wird, aber bis heute spricht nichts dafür. An den Rändern des Universums und im Bereich der Elementarbausteine der Materie wurden immer wieder rätselhafte Objekte entdeckt, aber binnen kurzem hatten sich die Astrophysiker bzw. Elementarteilchentheoretiker ein theoretisches Modell dazu einfallen lassen. Man kann heute sagen, daß es in der Natur kein Phänomen gibt, dem die Wissenschaft völlig hilflos gegenübersteht. Nicht alles, oder sogar relativ wenig kann quantitativ exakt gerechnet werden, aber eine qualitative Einordnung in einen theoretischen Rahmen ist bisher immer gelungen.

Die Philosophiegeschichte ist allerdings voll von Vermutungen über bestimmte vom Naturzusammenhang ausgenommene und daher mit den wissenschaftlichen Methoden nicht analysierbare Phänomene. Noch im Jahre 1927 hat Max Scheler den Wesensunterschied von Mensch und Tier und damit die Sonderstellung des Menschen durch das Prinzip des Geistes begründet. In seiner Sicht hat dieses Vermögen nichts mit Intelligenz oder Wahlfähigkeit zu tun, es ist keine Steigerung der vom Tierreich her angelegten Fähigkeiten, sondern steht außerhalb alles dessen, was »Leben« ist. Das Wesen des Geistes liegt nach Scheler in seiner existentiellen Entbundenheit vom Organischen, seiner Freiheit, Ablösbarkeit von dem Bann, von dem Druck, von der Abhängigkeit vom Organischen, vom ›Leben‹ und allem, was zum Leben gehört – also auch von seiner eigenen triebhaften ›Intelligenz‹.[89] Wenn Scheler recht hätte, wäre der Geist ein Phänomen, das außerhalb jeder empirischen Wissenschaft stünde, und damit eine Widerlegungsinstanz des Szientismus. Die Befunde aus der Neurologie und die logische Analyse innerhalb der analytischen Philosophie des Geistes jedoch legen nahe, daß Scheler einer Chimäre nachgegangen ist. Die einzige beobachtbare

VI. Illusionen

Funktion des Geistes, die er angibt, ist die sogenannte »Weltoffenheit«, d. h. die freie, vom Personenzentrum ausgehende Hemmung oder Enthemmung eines Triebimpulses und die Einstellung der Person zu einem Gegenstand. Derartige mentale Prozesse können heute in ihren physiologischen Korrelationen rekonstruiert werden.[90] Bis jetzt ist keine mentale Funktion gefunden worden, die unbetroffen von physiko-chemischen Einflüssen wäre. Gerade die medizinischen Befunde bei Gehirn-Läsionen und bei ungleichgewichtigen Verteilungen der Neurotransmittersubstanzen sowie bei seniler Demenz weisen darauf hin, »daß der menschliche Geist Stück für Stück sterben kann«, wie sich der Neurologe Kornhuber ausgedrückt hat.[91] Max Scheler ist zweifellos einer metaphysischen Illusion nachgegangen. Es gibt keinen positiven Hinweis, weder von der Theorie noch von der Empirie, daß jenes angeblich die Sonderstellung des Menschen definierende platonische Geistsubstrat existiert, das vom organischen Träger völlig entkoppelt dennoch im Menschen wirkt.

Indem also die Wissenschaft die Zugehörigkeit des Menschen zur Welt immer stärker aufdeckt, mehr und mehr alle seine Spezifika als Facetten der Natur entschlüsselt, destruiert sie nicht nur metaphysische Illusionen, sondern sie kommt auch mit den Sonderstellungsvorstellungen der abendländischen Hochreligionen in Konflikt. Mit dem weichenden Horizont der Astronomie wird es immer unplausibler, daß jene 10^{11} Galaxien mit je 10^{11} Sternen, die allein das beobachtbare Universum ausmachen, ihr Ziel, ihren Sinn und ihre Erfüllung darin finden, auf dem dritten Planeten eines ihrer Mittelklassehauptreihensterne eine bestimmte Art von Leben hervorzubringen. Diese Vorstellung empfindet man bei dem heutigen astronomischen Wissen höchstens noch als Hybris. Psychologisch gesehen ist der Anthropozentrismus das Resultat einer übergroßen Nähe des Menschen zu sich selbst. Die Naturwissenschaft betrachtet die Besonderheiten des Menschen schrittweise aus immer weiterer Ferne. Der Primatologe, der Zoologe, der Astrophysiker, der Systemtheoretiker, sie alle betrachten den Menschen wie mit umgedrehten Fernrohren und ordnen ihn als Element der natürlichen Realität ein. Dabei verschwinden die Besonderheiten des Menschen nicht, sondern sie erhalten einen zufälligen, durch die Randbedingungen seiner Entstehung hervorgebrachten Charakter.

Die Wissenschaft kehrt dabei eine intellektuelle Entwicklung um, die vermutlich ihren Ausgang nahm, als der Mensch seiner begrenzten Lebenszeit gewahr wurde. Das Faktum des irreversiblen Todes, das Mißverhältnis von Lebenszeit zur Zeitdauer der natürlichen Umgebung sowie die Tatsache, daß unsere kurze Anwesenheit in der Welt nur minimale Spuren hinterläßt bzw. von den Nachfahren alsbald vergessen wird, hat kompensatorische Ausgleichsentwürfe in Gang gesetzt. Die Menschen wollten sich mit diesem Bedeutungsverlust nicht abfinden, den geringen Wert ihrer Existenz nicht anerkennen. Zu diesem Zweck haben sie religiöse und metaphysische Sinnmodelle entworfen. Um der Herausforderung eines sinnleeren Universums zu begegnen, machten sich Propheten, Philosophen, ja sogar sensible Wissenschaftler auf die Suche nach Fernpunkten der Orientierung. Sie alle bemühten sich bis zum heutigen Tag an der Kon-

VI. Illusionen

struktion eines objektiven Sinnes als Leitvorstellung, aber, wie man bis heute konstatieren muß, immer unter Überschreitung des empirisch kontrollierbaren Wissens. Es waren immer Setzungen ohne Verankerung in Phänomenen oder Konsequenzen kontrollierbarer Theorien.

In den Gedanken jener Philosophen, die von hoher intellektueller Redlichkeit beseelt waren, hat die Auseinandersetzung zwischen metaphysischem Sinnverlangen und rationalem Wissen dramatische Formen angenommen. Ein spanischer Denker, der am meisten darunter gelitten hat, daß die Ergebnisse der Verstandestätigkeit nicht mit den existenziellen Erfordernissen des Gemütes in Einklang zu bringen sind, war Miguel de Unamuno. In seinem Hauptwerk über das tragische Lebensgefühl drückt er den Zwiespalt explizit aus: »El más trágico problema de la filosofía es el de conciliar los nececidades intelectuales con las nececidades afectivos y con los volitivas«,[92] d. h. die Spannungen zwischen den Forderungen der Vernunft und den Wünschen des Gemütes bringen die philosophische Tragik mit sich. Für Unamuno war vor allem die Vorstellung der persönlichen Sterblichkeit, wie sie sich schon aus der Wissenschaft seiner Zeit ergab, unerträglich. Das Wissen um den Untergang des personalen Bewußtseins mit dem Zerfall des neurobiologischen Trägersubstrates stand für ihn in unaushaltbarer Spannung mit dem »hambre de inmortalidad«, der Sehnsucht nach persönlicher Unsterblichkeit. Im Antagonismus von wissenschaftlicher Rationalität und metaphysischer Wunschvorstellung sind viele Menschen dazu geführt worden, den wissenschaftsinhärenten Naturalismus zu überschreiten. Es sieht fast so aus, als ob die menschliche

Naturanlage eine Prädisposition zur Metaphysik umgreift, welche ihn immer wieder veranlaßt, in Richtung auf Transzendenz auszugreifen, auch wenn die rationale Reflexion wenig gute Gründe dafür zu Tage fördert. Biologen vermuten sogar eine genetische Disposition für die Bereitschaft, sich indoktrinieren zu lassen, d. h. Sätze für wahr zu halten, für die kein positives Argument spricht. Sie meinen, daß es sich um eine neurologisch begründete Lernbereitschaft handelt, die sich durch Auslese von miteinander konkurrierenden Stämmen entwickelte.[93] Sollte das der Fall sein, dann wird auch in Zukunft die Menschheit von Vorstellungen supernaturalistischer Welten und Wanderungen der Seele in ein Jenseits fasziniert bleiben. Die Logotaxis, die natürliche Orientierung des Menschen in Richtung auf kontrolliertes Wissen, wie sie Aristoteles im ersten Satz seiner Metaphysik idealiter beschworen hat, blieb eine Illusion. Die biologische Vermutung erklärt auch, warum eine mehr als 200 Jahre lang agierende intellektuelle Bewegung wie die Aufklärung in ihrer Breitenwirkung verschwindend war und eine große Zahl von Menschen heute irrationalen esoterischen Ideologien anhängt.

Nur wenige sind so ehrlich wie Unamuno, den Konflikt offenzulegen. Die meisten versuchen sich über die Logik der Situation hinwegzutäuschen. Niemand hat die methodische Unredlichkeit auf dem Weltanschauungssektor treffender kritisiert als Sigmund Freud.[94] Als Wurzeln der religiösen Sinnentwürfe entschlüsselt er die existentielle Not des Menschen. Der Mensch ängstigt sich vor den Gefahren des Lebens, aber das gütige Walten einer *göttlichen Vorsehung* beschwichtigt ihn. Im Lebens-

VI. Illusionen

lauf werden Glück und Unglück nach Zufall auf die Individuen verteilt. Eine *sittliche Weltordnung* versichert, daß die Forderung nach ausgleichender Gerechtigkeit später erfüllt wird. Die irdische Existenz ist kurz und unvollkommen, ihre Verlängerung durch ein *zukünftiges Leben* erfüllt den ersehnten Wunsch. Trotz aller Erleichterung für die Einzelpsyche, die diese Annahmen mit sich bringen können, sind sie vom kognitiven Standpunkt her gesehen aus menschlichen Wünschen gewonnen, deshalb nennt sie Freud auch *Illusionen*. Bei ihrer Begründung benehmen sich die Menschen so fahrlässig, daß man dies nur durch die Stärke des Wunsches erklären kann. Alternative, schwächere Formen von Prüfbarkeit, Aufweise, Hinweise, Verweise anstatt von Beweisen oder empirischen Stützungen werden toleriert. Prinzipien der kritischen Prüfungen, ja selbst der logischen Konsistenz werden unterminiert.

»Kein vernünftiger Mensch wird sich in anderen Dingen so leichtsinnig benehmen und sich mit so armseligen Begründungen seiner Urteile, seiner Parteinahme, zufriedengeben, nur in den höchsten und heiligsten Dingen gestattet er sich das... Wenn es sich um Fragen der Religion handelt, machen sich die Menschen aller möglichen Unaufrichtigkeiten und intellektuellen Unarten schuldig.«[95]

Bedauerlicherweise muß man konstatieren, daß auch die Philosophie nicht unschuldig ist, diese intellektuell unaufrichtige Haltung gegenüber religiösen Aussagen zu stützen und zu legitimieren. Philosophen haben sich immer wieder bemüht, für »religiöse Probleme einen erkenntnistheoretischen Ausnahmefall zu konstruieren«[96] derart, daß Glauben und Wissen auf methodisch gänzlich verschiedenen Voraussetzungen beruhen. Dies bedeutet, daß zwar für Glaubensaussagen auch die technischen hermeneutischen Textauslegungsverfahren angewendet werden, jedoch die an der Wahrheitsidee, am Verfahren der kritischen Prüfung und an dem generellen Fallibilismus orientierte Methodologie nicht erfüllt wird. »Damit wird die Suche nach Wahrheit einem hermeneutischen Pragmatismus geopfert, der den Nutzen des religiösen Glaubens an die erste Stelle setzt«.[97]

Vermutlich wird es letzten Endes die Idee des ausnahmslos gültigen Kritizismus sein, dem zufolge es keine infallible, kritikimmune Aussage geben kann, welche eine Versöhnung von wahrheitsorientierter Wissenschaft und heilsorientierter Religion unmöglich macht. Solange die Religionen die Annahme der absoluten Sicherheit ihres Fundamentes nicht zugunsten eines methodologischen Revisionismus preisgeben können, wird der Konflikt bestehen bleiben.[98] Ob sie dies aber dürfen, ist fraglich, denn wie läßt sich eine Heilstechnologie aufbauen, deren metaphysische Fundamente den schwankenden, unsicheren Charakter der wissenschaftlichen Aussagen teilen? Wie kann man Menschen auf der Basis vorläufiger Prinzipien zur Erlösung führen? Aus diesem Grund spiegeln die religiösen Aussagen die nicht existierende Sicherheit einfach vor.

Die psychologischen Gründe für diese fundamentalistische Haltung liegen dabei auf der Hand: Für den Menschen ist die Befriedigung der emotionalen Wünsche wichtiger als das Erreichen kognitiver Ziele. Die Intelligenz ist ein Instrument, das im Dienste des Trieb- und Gefühlslebens steht, das aber in seiner Reichweite einge-

VI. Illusionen

schränkt wird, wenn die Bedürfnisse des Gemütes auf dem Spiel stehen. Wenn es um »sed de eternidad« geht,[99] um das Verlangen des Menschen nach Ewigkeit, ist die Vernunft sicher den Strebungen des Gemütes unterworfen, aber es fragt sich, ob in diesem Fall zum Wohl, Vorteil und Glück des Betroffenen. Zur Stabilisierung der religiösen Illusion hat jene schon früher erwähnte Suggestion beigetragen, die man dem Menschen über Jahrtausende bis heute eingeredet hat, daß nämlich ohne absolute Werteskala, ohne tragenden Grund des Universums, ohne Punkt Omega der Entwicklung, kurzum ohne Transzendenz das Leben unerträglich sein muß. Wir haben schon auf die asiatischen Religionen verwiesen, die nur ein Weltgesetz zugrunde legen.[100] Aber es sei zumindest angemerkt, daß auch in unserem Kulturraum, und zwar bereits in der griechischen Antike lebensphilosophische Entwürfe vorgelegt worden sind, wie man in einer durchgehend naturalistisch verstandenen Welt ohne transzendente Ankerpunkte Haltung bewahren kann. Die Stoiker und Epikureer haben es uns vorgelebt, wie man in einer Welt voller Hindernisse und Gefahren sich erfolgreich orientieren und, nach einem erfüllten Leben, dem Ende mit Gelassenheit entgegensehen kann.

»Bedenke, daß den Abgeschiedenen nichts Schlimmes widerfahren kann. Was uns das Totenreich zum Schrecken macht, stammt aus dem Reich der Fabel. Den Toten drohen weder Finsternis noch Ketten. Es gibt dort keine Feuerströme und keine Wasser des Vergessens... Hier herrscht die unbeschränkte Freiheit. Die Dichter trieben nur ein Spiel der Phantasie und schreckten uns mit Scheingebilden.«[101]

Gelassenheit sollte nicht nur in der evidenten Tatsache gründen, daß das Ende des Lebens wie die Singularität einer Raumzeit nicht zu unserer Erfahrungswelt gehört. Wittgenstein hat dies in seiner positivistischen Frühphilosophie betont: »Der Tod ist kein Ereignis des Lebens. Den Tod erlebt man nicht.«[102] Auch wenn dies im strengen Sinn der Fall ist, geht es doch dem Menschen um das Bewußtsein des Endes, dieses zu bewältigen, auch im Rahmen einer naturalistischen Weltverfassung, darin liegt die Leistung einer auf das Diesseits begrenzten Lebensphilosophie. Die Lösung des Problems des Lebens liegt nicht in dessen Verschwinden, wie Wittgenstein meint,[103] weil man den Sinn der Welt nicht innerhalb ihrer selbst finden kann,[104] sondern in einer Veränderung der Einstellung zur Kontingenz derart, daß man gar nicht mehr nach Objektivierung von Sinnstrukturen strebt. Im aktiven Verzicht auf das Unerreichbare, darin besteht wahrhafte Gelassenheit.

VII. Feinabstimmung – woher, wohin, wozu?

All die erwähnten metaphysischen Intentionen und Strategien zur Sinnfindung entdeckt man wieder in den Deutungen, die jüngsten Befunden der Astronomie und Astrophysik unterlegt werden. Wie ein roter Faden ziehen sich die traditionellen Ansätze zur Bewältigung der rätselhaften Faktizität durch die jüngsten Versuche, die Feinabstimmung der Welt zu erklären. Um diese zu verstehen, gilt es sich einige Tatsachen vor Augen zu halten. Deshalb bitte ich den Leser, etwas Geduld für einige jüngere Resultate der Astrophysik aufzubringen.

Eines wurde durch die astrophysikalischen Entdeckungen der letzten Jahrzehnte überdeutlich, seien es die planetarischen Missionen, sei es die Erforschung der galaktischen Kerne, seien es die hochdynamischen Kollapsobjekte an den Rändern des sichtbaren Universums, unsere Welt ist großräumig betrachtet ein äußerst lebensfeindliches Gebilde. Dies betrifft nicht erst den tiefen Weltraum, sondern diese Feindlichkeit beginnt bereits an den Rändern der Erde. Selbst unsere höchsten Berge auf knapp 9 km Höhe können nur von den trainiertesten Sportlern ohne künstliche Hilfsmittel für die Atmung bestiegen werden. Der Weltraum ist nach irdischen Maßstäben fast leer, und er kann nur mit hohem technischen Aufwand bereist werden. Die anderen Himmelskörper sind vom menschlichen Standpunkt aus gesehen extrem heiß oder extrem kalt, die Atmosphären der Planeten, soweit vorhanden, giftig. Nur an einem Ort in unserem Sonnensystem hat eine große Zahl von ganz besonderen

Umständen Bedingungen geschaffen, die heute Leben, Bewußtsein und Intelligenz – und damit auch Erkenntnis des Universums – realisieren. Man kann nicht ausschließen, wie wir schon angedeutet haben, daß an einigen Stellen wie etwa dem Saturnmond Titan einfache Lebensformen existieren,[105] noch daß der eine oder andere Planet seine organische Entwicklung schon hinter sich hat, aber hochentwickelte technische Zivilisationen gibt es im Sonnensystem sicherlich nicht.

Man macht sich gewöhnlich gar nicht klar, welche *lokalen Bedingungen* bereits gegeben sein müssen, damit wir Menschen gedeihlich existieren können: Ein mit äußerster Konstanz energieliefernder Zentralkörper, eine auf der Ekliptik schief stehende Erdachse für die Erzeugung von Jahreszeiten, eine Umlaufbahn um den Zentralkörper in der richtigen Entfernung und mit geringer Exzentrizität, um eine starke Variation in der Solarkonstante zu vermeiden, ein Magnetfeld, das die harte kosmische Strahlung abschirmt, eine Ozonschicht, die den UV-Anteil des Sonnenlichtes abwehrt und vieles andere mehr. Gerade die jüngsten Befürchtungen um den bedrohlichen Abbau der Ozondecke offenbaren die Fragilität unserer planetarischen Existenz und die Abhängigkeit von der richtigen Abstimmung physikalischer Parameter.

Alle lokalen und die gleich zu nennenden globalen Bedingungen für die Existenz hochorganisierten Lebens faßt man mit dem Terminus *Feinabstimmung* zusammen. Die Metapher stammt aus der Musik. In einem Flügel müssen ca. 250 Saiten minutiös aufeinander abgestimmt sein, um z. B. die Waldstein-Sonate perfekt erklingen zu lassen. Bereits kleine Schwebungen machen sich enorm

VII. Feinabstimmung – woher, wohin, wozu?

störend bemerkbar. In diesem Fall besorgt die korrekte Tonhöhe der Saiten ein Klavierstimmer, der das Instrument gezielt in den erwünschten Zustand versetzt. Wie liegen die Dinge in der Natur selbst?

Alles Leben auf der Erde ist auf den Grundelementen C, H, O und N aufgebaut. Es ist, wie man im Fachjargon sagt, CHON-Leben. Die Biochemiker versichern uns, daß andere Elemente schwerlich in Frage kommen, komplexe Systeme wie uns hochorganisierte Säugetiere aufzubauen. Aber selbst wenn es möglich oder in einem fernen Planetensystem bereits realisiert wäre, Leben auf Silizium-Basis zu errichten, oder wenn wir irgendeine Form von intelligenter Komplexität auf Neutronensternen oder in turbulenten Magnetfeldern vorfinden würden,[106] wir sind CHON-Lebewesen, und so müssen diese notwendigen Bedingungen der Elementzusammensetzung auf der frühen Erde erfüllt gewesen sein, sonst wären *wir* heute nicht hier. Dieses WIR sollte allerdings nicht zu eng gefaßt werden. Es hat sich eingebürgert, vom Anthropischen Prinzip und der Anthropischen Kosmologie zu sprechen,[107] aber der Mensch selbst steht dabei gar nicht zentral im Blickpunkt, sondern alle komplexen Systeme, die auf Kohlenstoffbasis aufgebaut sind und eine lange Zeitskala für ihre Evolution benötigen. Es leuchtet unmittelbar ein, daß die lokale planetare sowie die großräumige kosmische Umgebung die notwendigen Bedingungen für die Existenz hoher Kohlenstoffkomplexität erfüllen muß. Dies ist ein rein logisches Konsistenzpostulat und bedarf keiner tieferen Begründung. Wären die notwendigen Bedingungen eben nicht erfüllt gewesen, hätte es zu späten Zeiten niemanden gegeben, der solche neugierigen Fragen stellen könnte. Gegeben aber die Tatsache, daß diese neugierigen Lebewesen existieren, darf man es ihnen nicht verwehren weiterzufragen, *warum* so viele Bedingungen so minutiös abgestimmt sind derart, daß sich diese komplexen Wesen tatsächlich gebildet haben. John Leslie hat den entscheidenden Unterschied zwischen dem, was an der anthropischen Argumentation logisch trivial ist, und dem, was weiteres Nachdenken erfordert, an der »Firing Squad Story« erläutert: Ein zur Hinrichtung Verurteilter steht vor einer Staffel von 50 Soldaten, die Salven aus allen 50 Gewehren abschießen, aber keine Kugel trifft. Der Überlebende weiß natürlich um die logische Selbstverständlichkeit: »If they hadn't all missed me then I shouldn't be considering the affair...«[108] Aber gegeben die erstaunliche Tatsache, daß 50 Scharfschützen ihr Ziel verfehlt haben, kann der glückliche Überlebende nun anfangen, darüber nachzudenken, *warum* so etwas Erstaunliches passiert ist.

Beim Universum ist es in der Tat noch beeindruckender und verwunderlicher, welche Zahl an physikalischen Parametern und Konstanten extrem fein abgestimmt sein müssen, damit die Voraussetzungen für unsere Art von Leben gegeben sind. Um nur einige zu nennen:

1. Die glatte Verteilung der ursprünglichen Materie

Es gibt eine Reihe von mathematischen Sätzen der Relativitätstheorie, die die Existenz einer Anfangssingularität (Urknall) für sehr plausible Zustände der Materie, die also mit hoher Wahrscheinlichkeit in der Realität erfüllt

VII. Feinabstimmung – woher, wohin, wozu?

sind, zwingend fordern. Aber diese mathematischen Sätze machen keine Aussagen über die Form dieser Singularität. So hätte etwa die Materie, die aus dem Ursprung heraustritt, durchaus einen hohen Grad an Turbulenz besitzen können. Dies hätte aber zur Folge gehabt, daß bereits in der extremen Frühzeit des Universums der Hauptanteil der Materie in schwarze Löcher kollabiert wäre. Wenn man nicht gerade quantenmechanische Zeitskalen betrachtet, sind schwarze Löcher völlig inaktive Gebilde, statische Gravitationsfelder, die die für die Galaxienbildung notwendige Masseenergie gefangen halten. Wenn die Hauptmenge der Materie sich in einem solchen frühzeitigen Gravitationskollaps verfangen hätte, hätten sich später niemals feste planetare Basen für die Lebensentstehung bilden können.

2. Die Flachheit des Raumes

Die Galaxienbildung bedarf nicht nur einer ausreichenden Menge freier Materie, sondern diese muß auch von der Expansionsbewegung abkoppeln, d. h. lokale Gravitationsinstabilitäten bilden, die zur Materieagglomeration führen. Ist etwa die Expansionsbewegung sehr schwach, dann rekollabiert das Universum in kürzester Zeit, und das kosmische Intervall, das für irgendwelchen Strukturaufbau zur Verfügung steht, ist viel zu kurz. Ist die Expansion auf der anderen Seite außerordentlich stark, macht sie alle schüchternen Ansätze der Galaxienbildung sofort zunichte, indem sie die primordialen Schwankungskeime wieder auseinandertreibt. Man ist sich heute relativ sicher, daß der Spezialfall des flachen Universums, der gerade einer mittleren Expansionsgeschwindigkeit entspricht, optimal für das Wachsen der anfänglichen Materieschwankungen ist. Damit nun heute die Geometrie unseres Dreierraumes die besonders günstige Eigenschaft verschwindender Krümmung besitzt, mußte in der ganz frühen Zeit (d. h. 10^{-43} sec. nach dem Ursprung, auch Planck-Zeit genannt) die Expansionsrate weniger als 10^{-57} von derjenigen eines flachen Universums abweichen. Wenn damals auch nur kleine Variationen in der Krümmung oder Anisotropien vorhanden gewesen wären, hätten sich diese später so entwickelt, daß eine für das Wachstum von Schwankungen äußerst ungünstige Geometrie des Raumes vorhanden gewesen wäre. Zwar kann man die beiden Feinabstimmungen der Glattheit und Flachheit durch den Einbau einer besonderen hochdynamischen exponentiellen Expansionsphase – die sogenannte Inflation – erzwingen. Man nimmt dann zu einem sehr frühen Zeitpunkt, aber etwas nach der erwähnten Planck-Zeit, d. h. bei ca. $t = 10^{-35}$ sec., eine starke beschleunigende Expansion an, die das Universum um einen gewaltigen Faktor aufbläht. Damit stammt das heute sichtbare Universum aus einem viel kleineren Bereich, verglichen mit dem Friedmannschen Standard-Urknall-Modell; wenn dieses Gebiet zur Frühzeit glatt war, reicht dies zur Erklärung der heutigen Uniformität des sichtbaren Universums aus. Die Inflation hätte auch alle Krümmungen und Anisotropien des Raumes so gestreckt, daß davon in der Beobachtung nichts mehr festzustellen wäre. Allerdings bedarf die Inflation selbst wieder der Feinabstimmung, sie muß gerade so beschaffen sein, daß am Ende jenes Maß von Irregularität vorhanden ist, das ausreicht, um später die Galaxienentstehung in Gang zu setzen. Auch jener mikroskopische Bereich, auf den nach dem inflationären Szenarium unser heute beobachtbares Universum zurückgeht, darf nicht irgendwelche hyperfeine Struktur besessen haben, sonst müßten sich diese Muster nach deren Vergrößerung noch *heute* in der Beobachtung zeigen. Dies weist darauf hin, daß es sehr schwierig ist, die kontingenten Elemente der Vorbedingung von Leben zu eliminieren. Selbst bei Einsatz einer starken einheitlichen Theorie (GUT), welche die Änderungen der Materiezustände als Phasenübergänge beschreibt, bleibt offenbar ein Zufallselement erhalten, das nicht reduziert werden kann. Anders ausgedrückt, selbst wenn wir im Besitz einer Theory of Everything (TOE) wären, würden wir die Natur nicht beobachten, wie sie den grundlegenden Differentialgleichungen folgt, sondern was wir sähen, wäre, wie das Universum mit der einen oder anderen Lösung dieser fundamentalen Gleichung übereinstimmt.[109] Nun besitzen diese Lösungen im allgemeinen aber nicht dieselben Symmetrien wie das Grundgesetz der einheitlichen Theorie. Auf dem Wege von dem symmetrischen Basisgesetz zur Anwendung auf die Realität, die immer einer weniger symmetrischen Lösung folgt, wird die Symmetrie gebrochen. Viele Charakteristika unserer Welt, wie z. B. das Verhältnis von Materie zur Antimaterie, verdanken ihre Entstehung rein zufälligen Symmetriebrechungen. Aus diesem Grunde wird sich die Natur niemals völlig nomologisch verstehen lassen, auch wenn wir ihr dynamisches Grundgesetz entdeckt hätten. Um dieses Zufallselement geht es hier. Warum liegt denn jene Unwahrscheinlichkeit in der Brechung der Grundsymmetrie vor, die zum Leben und zum Menschen geführt hat?

3. Die Abstimmung der Kräfte

Die gleiche Überlegung kann man nun auch für die vier physikalischen Grundkräfte anstellen: Das Verhältnis der Stärke dieser Kräfte bestimmt, welche Art von komplexen Strukturen in einem Universum möglich sind. Um dies nur für einen Fall einzusehen, können wir uns vorstellen, daß die schwache Wechselwirkung, welche die maßgebende Kraft bei der Energieerzeugung im Inneren der Sonne darstellt, ein klein wenig stärker wäre. Dies hätte zur Folge gehabt, daß im Feuerballstadium des Universums bereits aller Wasserstoff (H) in Helium umgewandelt worden wäre. Sterne vom Typ unserer Sonne, die vom H-Brennen leben, könnten dann gar nicht mehr existieren. Ein winziges Abschwächen der schwachen Wechselwirkung hätte hingegen verhindert, daß Neutronen, die sich am Anfang gebildet hatten, in Protonen zerfallen. Abermals wäre dann die Wasserstoffbildung verhindert worden (H-Kerne sind Protonen). Das Prinzip ist an diesem Beispiel zu erkennen. Von diesen Feinabstimmungen gibt es insgesamt Hunderte.[110]

VII. Feinabstimmung – woher, wohin, wozu?

4. Die Massen der Teilchen

So müssen auch die Massen der materiebildenden Teilchen wie Elektron, Proton, Neutron exakt ihre tatsächlichen Werte besitzen, wenn sie als atomare Bausteine unserer Moleküle dienen und diese die Basis für die Organismen liefern sollen. Dies kann man auch als die *Teilchenbedingung* beschreiben.

Diese vier notwendigen Bedingungen sind nur ein ganz grober Umriß dessen, wie ein Universum, das mit intelligentem Leben ausgestattet ist, in seinen Anfangs- und Randbedingungen eingeschränkt ist. Fast alle denkbaren, d. h. physikalisch möglichen Welten sind demnach ohne Leben und Bewußtsein. Die Erkenntnis dieser unwahrscheinlichen Abstimmung unserer Welt hat auch kühle Naturwissenschaftler wie etwa den Physiker Freeman Dyson zum Sinnieren gebracht:

»Je länger ich das Universum beobachte und die Einzelheiten seines Aufbaus studiere, desto mehr Anzeichen finde ich, daß das Universum um unser Kommen gewußt haben muß.«[111]

Aber in welchem Sinne kann ein Universum »gewußt« haben, daß »wir« kommen werden? Teleologisches Denken scheint hier verführerisch nahezuliegen. Auch andere Autoren sprechen davon, daß das Universum »uns auf den Leib geschneidert« erscheint.[112] Wenn die Metapher irgend etwas aussagen soll, scheint doch ein kosmischer Schneider oder irgendein unpersönliches, zielstrebig agierendes Wesen hinter der überraschenden

Feinabstimmung zu stehen. Gibt es doch so etwas wie eine Ausrichtung des Universums auf ein höheres Leben? Liegt darin vielleicht der Weltsinn, den die Weisen aller Epochen so emsig gesucht haben?

Um eine unvoreingenommene Antwort auf diese Frage zu erhalten, muß man einen *Hypothesenvergleich* vornehmen. Welche Erklärungen kennen wir nach unserem heutigen Wissensstand, um die Feinabstimmung zu verstehen, und wie lassen sich diese Hypothesen bezüglich ihrer Erklärungsleistung gewichten?

1. *Die Zufallshypothese*

Die einfachste, aber auch trivialste Annahme ist, die Feinabstimmung einfach dem *unerklärbaren Zufall* zuzuschreiben. Das Universum ist uns nur einmal gegeben. Wenn es überhaupt existiert, muß es auch eine bestimmte Struktur haben, so argumentiert der Verteidiger der Zufallshypothese. Diese Struktur ist nun gerade so beschaffen, daß sie intelligentes Leben ermöglicht. Darüber können wir uns freuen, aber zu erklären gibt es da weiter nichts. Wir können das Universum in seinem Sosein beschreiben, aber nicht mehr. Von Einzelobjekten oder Einzelereignissen kann es von dieser Sicht her keine Wissenschaft geben. Gesetze handeln niemals von Unikaten, sondern beschreiben Regularitäten in einer großen Gesamtheit von Systemen. Darum ist die Frage, warum das Universum so und nicht anders ist, keine beantwortbare Frage. Nach der Zufallshypothese können wir die Feinabstimmungen bis ins kleinste Detail beschreiben, wir können uns darüber wundern, aber wir können sie nicht

VII. Feinabstimmung – woher, wohin, wozu?

erklären. Erst recht nicht kann es natürlich jetzt hinter den Feinabstimmungen irgendeine Art von verborgenem Sinn geben, wenn wir die Zufallshypothese zugrunde legen. Der Zufall ist ja gerade das, was keiner Regularität folgt, und deswegen kann ein absolutes Zufallsereignis auch kein Sinnträger irgendeiner Art sein.

Nun ist diese Haltung angesichts der Kontingenz des Universums leicht kritisierbar. So konnten die Wissenschaftstheoretiker zeigen, daß es auch eine wissenschaftliche Erkenntnis von einmaligen Ereignissen geben kann.[113] Um nur ein Beispiel zu nennen: Auch wenn in der Laufdauer des Universums nur ein einziges Supernova-Ereignis vorgekommen wäre, ließe sich der kausale Ablauf dieses einzelnen Prozesses analysieren. In bezug auf das Universum müßten wir in Rechnung stellen, daß es gar nicht notwendig ist, alle anthropischen, d. h. lebensdienlichen Anfangs- und Randbedingungen auf einen Schlag zu erklären. Wie das Beispiel der Inflation zeigt, können einige Feinabstimmungen durchaus kausal erklärt werden. Ob man nach und nach den Gesetzesrahmen immer enger stecken kann, so daß alle notwendigen Vorbedingungen für Leben ableitbar werden, ist heute umstritten. Daß die Zufallshypothese nicht der gewöhnlichen Methodologie und auch nicht dem Alltagsverstand entspricht, können wir leicht am Beispiel demonstrieren. Auch im täglichen Leben begnügen wir uns bei vergleichbaren unwahrscheinlichen Koinzidenzen nicht damit, diese als pure Faktizität hinzunehmen. Bei der Auflösung eines Kriminalfalles geht der Inspektor allen zufällig erscheinenden Indizien solange nach, bis sie sich wirklich als Zusammentreffen von Ereignissen enthüllen, hinter denen keine verborgene Ursache mehr steckt. John Leslie bringt das Beispiel einer Koinzidenz im Alltagsleben:[114] Ein Mann durchschreitet einen alten und etwas baufälligen Torbogen. Eine Sekunde danach stürzt dieser mit lautem Getöse zusammen. Nur knapp dem Tod entronnen, wird der Mann zuerst auf einen Zufall tippen und seinem Glück danken, daß er die Fast-Koinzidenz überlebt hat. Wenig später sieht er aber nun, wie sein schärfster Konkurrent um eine heißbegehrte Frau gerade hinter der nächsten Hausecke verschwindet. Wäre es in dieser Situation nicht angebracht, mißtrauisch zu sein, ob da nicht doch jemand versucht hat, sein Glück zu korrigieren? Vermutlich wird der glücklich Gerettete der Sache so lange nachgehen, bis es sich wirklich geklärt hat, ob sein Widersacher die Hand im Spiel hatte. In ähnlicher Lage befinden wir uns in der Kosmologie, und es liegt kein vernünftiger Grund vor, zwischen Alltagsverstand und wissenschaftlicher Methodik einen Unterschied in der rationalen Problemlösungsstrategie zu machen. Damit sind wir zu einer weiteren Möglichkeit der Erklärung der Feinabstimmung geführt worden, nämlich dieselbe durch starke einheitliche Theorien aus ersten Prinzipien abzuleiten.

2. *Die Einheitshypothese*

Vor allem Steven Weinberg hat sich dafür ausgesprochen, die lebensfreundlichen kosmischen Bedingungen im Verein mit allen anderen Naturkonstanten aus übergeordneten unitären Theorien abzuleiten. In der Physik kennen wir heute vier Grundkräfte. Seit langem fragt

VII. Feinabstimmung – woher, wohin, wozu?

man sich, warum alles physikalische Geschehen gerade durch diese vier Kräfte regiert wird: Elektromagnetismus und Gravitation sind von der klassischen Physik her bekannt. Dazugekommen sind nach der Quantenrevolution noch die schwache und die starke Wechselwirkung, wobei die schwache Wechselwirkung für den radioaktiven Zerfall verantwortlich ist, während die starke Wechselwirkung dafür sorgt, daß die Atomkerne zusammengehalten werden. Die Physiker sind neugierig, ob die Vierzahl von Kräften ein unhintergehbares Faktum der Natur darstellt oder ob sich darin vielleicht die akzidentelle kosmologische Situation des jetzigen Augenblickes spiegelt. Die Theoretiker vermuten, daß wenn wir in Gedanken in die Vergangenheit des Universums zurückgehen, was bedeutet, daß wir immer höhere Energiedichten betrachten, die Kräfte ihren Charakter verändern, daß sie nacheinander miteinander verschmelzen und daß es zur Frühzeit, in der sogenannten Planck-Ära, nur eine einzige Kraft gab, die das Universum regierte. Weinberg ist zuversichtlich, daß sich die für das heutige Leben so wichtige Stärke der Kräfte aus ersten Prinzipien gewinnen läßt.[115] Nur in bezug auf die sogenannte kosmologische Konstante λ zweifelt auch er, daß die heute als beste Kandidaten für eine »theory of everything« (TOE) angesehenen String-Theorien viele verschiedene Werte für λ ergeben. Eine anthropische Erklärung dafür, daß λ sehr klein ist, was die Vorbedingung für Leben darstellt, bedeutet bei Weinberg aber keine illegitime Verwendung der Existenz des Menschen. Es ist nicht gemeint, daß die heutige Existenz von Leben kausal erklärt, *warum* λ gerade den passenden kleinen Wert besitzt, vielmehr existieren viele

Universen mit den unterschiedlichsten positiven und negativen Werten für λ, welche aber alle ungünstige Ausgangsbedingungen für Lebensentstehung darstellen. Ist nämlich λ groß und positiv, so bedeutet dies eine neue zusätzliche, attraktive Gravitationskraft, wodurch das Universum eine viel zu kurze Laufzeit erhielte. Wenn λ groß und negativ wäre, bedeutet dies eine weitere Repulsionskraft, die die Expansionskraft so verstärkt, daß die Galaxienbildung in der Frühzeit schwerstens behindert wäre. Über den methodologischen Status der Vielweltenhypothese werden wir gleich noch sprechen. Wie immer man die Dinge dreht, für die meisten Physiker bedeutet die anthropische Erklärung (auch wenn sie keine illegitime Umdrehung der Kausalstruktur beinhaltet, sondern, wenn sie mit der Vielweltenhypothese ergänzt, dazu eingesetzt wird, unser Erstaunen über die Feinabstimmung zu reduzieren) eine vorläufige, unbefriedigende Erklärungssituation. »Als theoretischer Physiker würde ich es lieber sehen, daß wir in der Lage sind, präzise Vorhersagen zu machen und nicht nur verschwommene Aussagen mit dem Inhalt, daß gewisse Konstanten in einem Wertebereich liegen müssen, der für das Leben mehr oder weniger günstig ist. Ich hoffe, daß die String-Theorie eine echte Grundlage für eine endgültige Theorie darstellt und daß diese Theorie soviel Vorhersagekraft besitzt, daß sie allen Naturkonstanten, einschließlich der kosmologischen Konstante, bestimmte Werte vorschreiben kann.«[116] Ein Skeptiker könnte hier einwenden, daß damit eine Hypothek auf die unbestimmte Zukunft genommen wurde, von der unklar bleibt, wann und wie sie eingelöst wird.

In bezug auf die Sinnfrage liefert ein nomologisch stark

strukturiertes Universum keinen grundsätzlichen Unterschied gegenüber der Zufallshypothese. Nehmen wir einmal an, Weinbergs Traum von der Einheit ginge in Erfüllung. Wenn die dann als endgültig entschiedene Superstring-Theorie nur mehr *ein* Universum erlaubt und alle Werte kosmischer Parameter sowie alle Naturkonstanten berechnen läßt, ist zwar ein großer Erkenntnisfortschritt erzielt worden, aber eine objektive Bedeutungshaftigkeit dieser starken Gesetzlichkeit ergibt sich daraus nicht, es sei denn, jemand überschreitet den naturalistischen Rahmen und postuliert eine supernaturalistische Erklärung gerade *dieser* Naturgesetze. So etwas wurde im theologischen Rahmen versucht, nämlich einen stützenden Grund für die Geltung der Naturgesetze zu postulieren.[117] Dieser Vorschlag hat jedoch keineswegs die Zustimmung der Wissenschaftstheoretiker gefunden. Die Auffassung, daß die Gesetze der Natur noch einmal einer stützenden Instanz bedürfen, um durch die Zeit ihre Geltung zu bewahren, ist eine in sich inkohärente Idee, denn der Gesetzesbegriff ist gerade so gefaßt, daß er die permanenten Muster der Realität ausdrückt. Wie verschieden eine Welt von unserer auch wäre, irgendeine Struktur muß sie besitzen. Es ist keine vernünftige Idee, daß bei fehlender Gesetzesstützung die Welt in eine amorphe gesetzlose Masse zusammenstürzen würde, wie dies Theologen vermutet haben.

3. Die teleologische Hypothese

Unter Teleologie wird Verschiedenes begriffen, das logisch gesehen, geringe Beziehung zueinander besitzt. Die erste Assoziation ist dabei, daß die hohe strukturale und funktionale Ordnung der Natur durch ein machtvolles außerweltliches Wesen zielstrebig geplant wurde. Bei dieser Deutung setzt Teleologie eine transzendente Realität voraus und geht damit in die theologische Erklärung der Feinabstimmung über, die wir noch besprechen werden. Davon zu trennen ist aber eine *immanente Teleologie*, bei der sich die Komplexität der Natur unter der Einwirkung einer gestaltbildenden Kraft entfaltet, die jedoch aus dem physiko-chemischen Kräftearsenal unbekannt ist und dort nicht nachgewiesen werden kann. Damit zeigt Teleologie begriffliche Nähe zum Vitalismus. Die lebensfreundlichen Feinabstimmungen entspringen in diesem Fall dieser zielgerichteten Kraft, die die Konstanten und Parameter passend einstellt, *um* die Entstehung höherer Lebensformen zu ermöglichen. Der Sinn des Universums bestünde bei dieser teleologischen Erklärung der Feinabstimmung in seinem Entwicklungsziel. Kritisch läßt sich allerdings gegen alle bislang vorgeschlagenen »teleologischen Kräfte« einwenden, daß deren Wirkungsweise, Gesetzesstruktur, Stärke und damit deren Erklärungsleistung nie geklärt werden konnte. Dabei ist der Vorwurf, daß bei teleologischen Kräften die Zeitrichtung umgekehrt wird, weil das zukünftige Ziel in das Netz der wirkenden Agentien der Natur eingeschlossen wird, von geringerer logischer Kraft, denn es wurden schon physikalische Theorien vorgeschlagen, wie etwa die Dirac'sche

VII. Feinabstimmung – woher, wohin, wozu?

Nahewirkungselektrodynamik, bei der Vorbeschleunigungen[118] möglich sind und damit Retrokausalität[119] auftritt.[120] Gravierender als die Umkehr der Zeitrichtung ist der ungeklärte formale und materiale Status solcher teleologischer Faktoren. Es bleibt einfach unklar, wie sich zielgerichtete Kräfte in das übrige kausale Netz der Natur einpassen. Können die gewöhnlichen physikalischen Wechselwirkungen und die zweckgerichteten Vitalfaktoren an einem Objekt zugleich angreifen, stören sie sich in irgendeiner Weise oder können sie kooperieren? Wie diffizil es ist, den ontologischen und epistemologischen Status von teleologischen Faktoren zu klären, sieht man an dem jüngst von dem kanadischen Philosophen John Leslie gemachten Vorschlag einer Erklärung der Feinabstimmung mittels des extremen Axiarchismus (ἀξία). Leslie verteidigt die neuplatonische Idee, daß das Gute ein *reales* Agens ist, das eine innere Tendenz besitzt, sich im Laufe der Entwicklung des Universums zu verwirklichen.[121] Nach diesem realistischen Verständnis von Werten können diese eine kausale Rolle im Netz der Dinge übernehmen. Bewußtsein, Leben und Intelligenz stellen Werte dar, und diese besitzen nach Leslie eine schöpferische Eigendynamik. Deshalb wird das Universum in jene feinabgestimmte Richtung getrieben, die ein geistiges Leben ermöglicht. Leslies Konzeption ist, wie man sieht, teleologisch, aber nicht theistisch. Die Werte besitzen ein Eigenleben, sind aber keine Personen. Sie werden auch nicht von weiteren transzendenten Faktoren dirigiert. Aufgrund der inneren Entwicklungstendenz dieser platonischen Entitäten steuert das Universum die Realisierung der Werte an.

Ein Skeptiker wird gegen Leslies extremen Axiarchismus in zwei Richtungen argumentieren: Erstens sind platonische Entitäten all jenen Einwänden ausgesetzt, die W. Van O. Quine schon vor langem gegen reale Universalien vorgebracht hat,[122] sie erfüllen nämlich nicht die Minimalforderung an eine philosophisch respektable Entität, das ist das Identitätskriterium.[123] Zweitens sprechen alle einzelwissenschaftlichen Resultate wie neurologischen Befunde dagegen, die Wertvorstellungen des Menschen zu hypostasieren, also zu verdinglichen. Die chemische und elektrische Stimulationsfähigkeit des Gehirns zu emotiven Reaktionen, die Ausfallserscheinungen geistiger Leistungen bei cerebralen Läsionen, die Teilung des Selbstbewußtseins bei Durchtrennung des Corpus callosum (Gehirnbalken), alle diese Tatsachen lassen sich kaum mit einer ontologischen Entkopplung seelischer und geistiger Aktivitäten vom biologischen Träger vereinen. Werte sind danach subjektive Einstellungen des Menschen, die in den emotiven Zentren des Gehirns, z. B. dem limbischen System, verankert sind. Die elementaren Wertorientierungen sind als biologische Adaptionen vermutlich phylogenetischen Ursprungs. Da es sich hierbei um relativ gut gesichertes neurobiologisches Wissen handelt, ist es höchst unglaubwürdig, daß Werte im Wirkzusammenhang des Universums eine Rolle übernehmen können, sei es kausal oder teleologisch-retroaktiv. Als späte Produkte der Evolution, die ihren natürlichen Ort nur in einer winzigen Klasse von Subsystemen des Universums haben, können sie keine Triebkraft bei der Steuerung der Feinabstimmung entfalten. Es ist eben keine dogmatische Willkür, daß in modernen Naturerklärungen keine teleologischen Modelle mehr akzeptiert werden, sondern diese Denkform hat weder der begrifflichen Analyse noch der faktischen Erkenntnis standgehalten.

4. Die Physik der Bedeutung

Es gibt noch eine gleichsam teleologische Denkfigur, mit der für eine objektivierte Verwendung von Sinn argumentiert wurde, diesmal aber im sprachlichen Gebrauch von »Bedeutung«. Man kann die durchaus berechtigte Frage stellen, wie semantische Bedeutung von Wörtern, Sätzen und Kontexten in einem rein physikalischen Universum zustande kommt. Nach einer Theorie der Bedeutung von D. Føllesdal ist es die gemeinschaftliche Aktion vieler Sprecher, die Kommunikation mittels der Sprechakte einer kulturellen Gemeinschaft, die Sinn und Bedeutung von Sprache konstituiert.[124] Der Physiker John A. Wheeler hat diesen Gebrauch von semantischem Sinn aufgegriffen[125] und in eine kosmologische Hypothese eingebaut, die insofern für unsere Fragestellung von Interesse ist, da hier die Existenz der Kommunikationsgemeinschaft eine physikalische Funktion erhält. Er nennt seinen Ansatz »closed circuit of meaning«. Das Universum ist danach eine sich selbst erzeugende Kausalschleife, die zwei Äste besitzt. Der eine Ast führt in der bekannten Weise von den physikalischen Gegebenheiten über die biologischen und neurologischen Entwicklungsformen zur Existenz einer Population von sprachlich Kommunizierenden, die Bedeutung stiften. Hier gelten die normale Richtung der Zeit und die übliche Kausalität, Signale breiten sich maximal mit Lichtgeschwindigkeit aus. Diese Sprechergemeinde kann nun aber Fragen stellen, z. B. über komplementäre Größen in der Quantenmechanik. Nach dieser Theorie kommen Eigenschaften der Objekte in einer überlagerten virtuellen Existenzweise[126] vor. Indem ein Beobachter ein elementares Quantenphänomen wie die Abstrahlung eines Photons durch ein Atom durch seinen irreversiblen Akt der Messung – etwa über den Photodetektor im Brennpunkt eines großen Teleskops – manifest werden läßt, konstituiert er ein Ereignis, das aber vielleicht Milliarden Jahre in die Vergangenheit zurückreicht. Bei dieser retroaktiven Tätigkeit wird erst das eigentliche quantenmechanische Ereignis hervorgerufen, das nicht existiert, ehe es nicht im Meßprozeß aus seinem virtuellen Vorkommen materialisiert wurde. Erst dann kann man quantenmechanisch davon sprechen, daß ein Objekt existiert. Nach John Wheeler müssen jetzt beide Wirkungsschleifen zusammengedacht werden, die retardierte auslaufende Wirkungskette vom materiellen Träger des Quantenbeobachters bis zur bedeutungsstiftenden Sprachgemeinschaft einerseits und von dieser die avancierte, einlaufende Wirkungskette bis zur Konstitution der elementaren Bausteine der Materie andererseits. Erst beide Teile bauen den »Bedeutungskreis« auf. In dieser idealistischen »recognition physics« fungiert der Mensch als Bedeutungsträger und objektkonstituierender Beobachter an zentraler Stelle im Universum. Ohne ihn gäbe es überhaupt keine separierten klassischen Objekte, das gesamte Universum existierte nur in einem virtuellen Überlagerungszustand möglicher Eigenschaften.

VII. Feinabstimmung – woher, wohin, wozu?

Die Crux von Wheelers Ansatz liegt in seiner speziellen Deutung des quantenmechanischen Meßprozesses. Was bei einer quantenmechanischen Messung wirklich passiert, darüber gibt es eine Vielfalt von Meinungen. Nicht alle Interpreten schließen sich Wheelers Auffassung an, daß das elementare Quantenphänomen, weil es keine eindeutige Lokalisierung in Raum und Zeit erlaubt, weil hier Korrelationszustände von Systemen vorhanden sind, die nicht auf kausale Wechselwirkungen zurückgehen, die Aufweichung des Realitätsbegriffs erzwingt derart, daß von einer subjektunabhängigen Welt gar nicht mehr gesprochen werden darf. Nicht einmal Bohr selbst, auf den sich Wheeler immer beruft, hat eindeutig den epistemologischen Idealismus befürwortet. An dieser ontologisch konstitutiven Funktion des Aktes der Messung hängt aber die rücklaufende Schleife des »Bedeutungskreises«, aufgrund deren der Mensch nun den latenten Quanteneigenschaften des Universums objektive Manifestation verleiht. So muß die Aussagekraft von Wheelers »partizipatorischer« Rolle des Menschen im kosmischen Geschehen doch auf seine Option der Deutung des quantenmechanischen Meßprozesses hin relativiert werden. Es gibt weniger phantastische und der traditionellen Realitätsauffassung nähere Interpretationen der Quantenphysik.[127] So muß man auch hier Zweifel anmelden an der sinnkonstituierenden Rolle des Menschen im Universum, sie scheint auf einer Option zu beruhen und mehr nicht.

5. Die theologische Hypothese

Wir haben bereits betont, daß der Analogieschluß von der Ordnung der Natur auf einen Ordner keine tragfähige Denkfigur darstellt. Weil *manche* Ordnung absichtlicher Planung entspricht, muß nicht *jede* Ordnung in der Welt die gleiche Quelle besitzen. Das heißt nicht, daß es rein *logisch* unerlaubt wäre, die Planung einer transzendenten Macht als Erklärung für die lebensfreundlichen Feinabstimmungen einzusetzen. Es fragt sich nur, ob diese Alternative im epistemologischen Hypothesenvergleich bestehen kann. Sicher ist, daß durch diese Annahme der naturalistische Erklärungsrahmen verlassen wird, der ontologische Typus von supernaturalistischen Wesen ist toto genere verschieden von materiellen Objekten. Transzendente Entitäten: Götter, Engel, Teufel, Dämonen oder abgeschiedene Geister gehören heute nicht mehr zum erlaubten Deutungsarsenal der Wissenschaft. Ein Wissenschaftler, der einen sichtbaren Effekt in der Welt, ein reproduzierbares Phänomen als Aktion eines Kobolds oder einer Fee interpretiert, macht sich unglaubwürdig. Diese ontologische Restriktion ist aber nicht einfach das Ergebnis dogmatischer Intoleranz oder ein zufälliges historisches Resultat skeptizistischer Aufklärungstätigkeit, sondern rational verteidigungsfähig. Der zentrale Einwand gegen jeden Eingriff nichtmaterieller, transzendenter Wesen in den Ablauf der physischen Welt liegt darin, daß dadurch alle Erhaltungssätze für die Energie, Impuls oder Drehimpuls usw. verletzt werden, da diese nichtmateriellen Entitäten zwar etwas am Lauf der Welt verändern, selbst aber in die Bilanz der Erhal-

VII. Feinabstimmung – woher, wohin, wozu?

tungssätze nicht eingehen. Hochbewährte fundamentale Naturgesetze müßten durchbrochen werden, wenn ein nicht zur materiellen Welt gehöriger Dämon auch nur ein Molekül Wasser um einen Zentimeter verschiebt. Zudem hat noch niemals ein Befürworter einer supernaturalistischen Erklärung erläutern können, wie eine Wechselwirkung zwischen einem konkreten raumzeitlichen Objekt und einer spirituellen Entität wirklich erfolgen soll. In allen innerweltlichen Kontexten bedeutet Kausalität den Austausch einer Größe, für die ein Erhaltungssatz gilt. Selbst wenn zwei Menschen miteinander sprechen, tauschen sie Information über das Medium von Druckwellen in der Luft aus. Immer sind physische Träger beteiligt, wenn Information übertragen wird. Wie eine Instruktion erfolgen soll, ohne daß eine bestimmte Menge Masseenergie involviert ist, dafür hat bis jetzt noch niemand eine brauchbare Idee gehabt. Letzten Endes hängt die Schwierigkeit mit der Wechselwirkung daran, daß die geistigen Wesenheiten gar nicht positiv in ihren Eigenschaftsklassen bestimmt sind. Sie werden meist nur durch die Negation bestimmter materieller Qualitäten umschrieben. Dies reicht aber nicht, um eine Interaktion wirklich zu klären.

Darüber hinaus läßt sich gegen die theistische Erklärung der Feinabstimmung einwenden, daß das Problem damit nur *verschoben* wird. Es muß eine außerweltliche Entität postuliert werden, innerhalb derer soviel innere Struktur angenommen werden muß, daß dieses übernatürliche Wesen die lebensdienlichen kosmischen Anfangsbedingungen setzt. Man kann aber nicht gehindert werden, weiter zu fragen, warum diese transzendente Macht gerade diese Setzung vorgenommen hat. Die Rückführung der Naturordnung auf die willkürliche Entscheidung eines planenden Ordners kann man mit der Benutzung eines Taxis vergleichen: Man bemüht es eine Zeitlang, dann aber an einer bestimmten Stelle, wo es einem gefällt, verläßt man es. Man bricht also die Erklärungskette dort ab, wo man nicht mehr weiter will oder nicht mehr weiter weiß,[128] weil die innere Aktivität des höchsten Wesens letztlich unerforschlich ist.

6. Die Vielweltenhypothese

Zuletzt hat die Wissenschaft selbst eine Erklärung angeboten, die Feinabstimmung zu verstehen, nämlich durch die Existenz vieler Welten. Unser Erstaunen über die lebensbegünstigenden Anfangsbedingungen schwindet, wenn wir annehmen, daß es nicht nur eine *einzige Welt* gibt, sondern eine große Zahl mit völlig verschiedenen physikalischen Eigenschaften, wobei die Mehrzahl dieser Welten lebensfeindlich ist. In jenen Welten dieses Ensembles, die für Leben ungünstige Werte der Konstanten und Parameterkombinationen besitzen, werden sich keine komplexeren Materieanordnungen bilden, sie werden die rein physikalische Ebene der Entwicklung nie verlassen. Unter dieser Annahme ist es nicht mehr verwunderlich, daß unsere Welt eine solche Anhäufung von seltenen physikalischen Bedingungen besitzt, denn nur in ihr kann ja Leben entstehen. Die *Vielweltenhypothese* ist im physikalischen Kontext nicht so weit hergeholt, wie man meinen möchte. Auf den ersten Blick scheint es schlechte Methodologie zu sein, zur Erklärung bestimmter Züge unseres *einen* Universums die Existenz *vieler* weiterer Universen zu fordern. Das sieht statt nach ontologischer Sparsamkeit nach ontologischer Verschwendung aus. Es kommt aber darauf an, wie man das Sparsamkeitsprinzip anwendet. Aus der Elementarteilchenphysik ist der Grundsatz wohlbekannt, daß alles, was nicht durch Erhaltungssätze verboten ist, tatsächlich vorkommt. Alle Zerfälle von instabilen Teilchen, die gestattet sind, lassen sich auch tatsächlich beobachten. Käme etwas Erlaubtes nicht vor, würde man Zusatzbegründungen verlangen, *warum* bestimmte Reaktionen nicht in den Experimenten auftauchen. Dennis W. Sciama hat diesen Grundsatz auf die Kosmologie übertragen.[129] Nach der kosmologischen Standardauffassung, die nur mit einem einzigen Universum arbeitet, müssen wir annehmen, daß alle anderen möglichen Welten aus unbekannten Gründen nicht existieren. Diese starke Annahme kommt einer *Entscheidung* gleich, die wir nicht verstehen. Wenn wir, und das ist eine andersartige Anwendung von Ockhams Prinzip, statt mit *Entitäten* mit *Restriktionen* sparsam umgehen und als Realität alles das auffassen, was kompatibel mit den Beobachtungen ist, gelangen wir zur Hypothese der Existenz vieler Welten, die getrennt von uns existieren und in denen die Gesetze, Naturkonstanten und kosmischen Parameter andersartig sind. Wenn nun alle möglichen Welten existieren, ist es nicht mehr erstaunlich, daß in einer von ihnen die Feinabstimmung vorkommt, die unsere Lebensformen hervorgebracht hat. Der Einwand, daß die anderen Universen unbeobachtbar sind, wiegt nicht schwer, solange man zeigen kann, daß durch diese Annahme ein sonst unerklärbares Faktum verständlich wird. Die Idee einer Pluralität von Welten hat eine lange Geschichte. Außerdem wurde sie auch in der modernen Physik wiederholt bei sehr widerspenstigen Erklärungssituationen eingesetzt. Um den rätselhaften Vorgang der Reduktion des Zustandsvektors in der *Quantenmechanik* der Messung zu verstehen, machte Hugh Everett 1957 die Annahme, daß im Augenblick der Messung sich unsere Welt in viele Elemente aufspaltet, in denen alle mit der Ausgangssituation verträglichen Meßergebnisse realisiert sind.[130] Um das *Singularitätenproblem* in der Kosmologie zu lösen, nahm John Archibald Wheeler an, daß das Universum in der Phase des Rekollaps einen quantenmechanischen Streuvorgang erfährt, der das Universum in distinkte Welten aufteilt, die dann jede für sich ein definitives Eigenleben führen.[131]

In der Theorie der chaotischen Inflation von Andrei Linde ergeben sich Bereiche mit sehr unterschiedlicher Inflation, die alle Arten von Universen mit den verschiedensten physikalischen Eigenschaften unter sich begreifen.[132] Die meisten Welten sind kosmische Wüsten, nur selten findet sich eine Oase, in der Leben existieren kann. Wir müssen sicher in einer solchen Oase leben, aber wir sollten nicht annehmen, daß die gesamte Realität so beschaffen ist.

Und vergessen wir nicht, daß auch unser *Standard-Urknall-Modell*, zumindest wenn wir die einfachste globale topologische Zusammenhangsform wählen, unendlich viele kausal entkoppelte Bereiche enthält. Unter diesen Teilbezirken des Universums existiert zwar ein raum-zeitlicher Zusammenhang, aber kein kausaler Konnex. Von

VII. Feinabstimmung – woher, wohin, wozu?

den Galaxien, die sich jenseits des Hubble-Radius von uns entfernen, kann keine Information zum lokalen Beobachter gelangen, obwohl am Hubble-Radius die Raumzeit völlig intakt ist. In jüngster Zeit ist der Begriff des einheitlichen Universums noch in anderer Weise aufgeweicht worden.[133] Wenn man eine vierdimensionale Raumzeit betrachtet, hat sie im einfachsten Fall eine Zusammenhangsform[134] einer Viererkugel. Die mathematische Disziplin der Topologie läßt es jedoch zu, daß dieser Viererraum mit einem System von Henkeln und Röhren ausgestattet ist, sogenannten *Wurmlöchern*, die das Universum zu einem schwammartigen Gebilde von größeren und kleineren Bereichen (Babyuniversen) machen. Dies ermöglicht es, die Werte der Naturkonstanten durch die gemeinschaftliche Wechselwirkung aller Henkel eines Universums bzw. der Wurmlöcher zu anderen Welten zu bestimmen.

Viele Welten sind also, das sollten die vorstehenden Beispiele zeigen, schon öfter im Erklärungsschema der Naturwissenschaft aufgetaucht. Es sind alles Welten, in denen zu unseren fundamentalen Naturgesetzen analoge Beziehungen gelten, in denen die Naturkonstanten, Teilchenmassen und Kräfte andere Werte besitzen. Es sind alles gesetzesartig strukturierte Welten, die sich im Prinzip mit unseren gedanklichen Mitteln beschreiben lassen.

Wenn man nun die Hypothese ansetzt, die Feinabstimmung unserer Welt für die Lebensentstehung durch ein Ensemble von Universen verständlich zu machen, dann hat man zwar den kausalen Verlauf der Entstehung dieser günstigen Randbedingungen nicht rekonstruiert, wohl aber das *Erstaunen reduziert* über dieses extrem unwahrscheinliche Zusammentreffen. Für diejenigen, denen die Vielweltenhypothese trotzdem noch verschwenderisch erscheint, sei darauf hingewiesen, daß das Weltensemble keineswegs unendlich groß sein muß, es muß auch nicht alle physikalisch möglichen Universen umfassen. Dazu ein Beispiel: Wenn man eine ausreichend große Gruppe von Schimpansen an einer Schreibmaschine statistisch beliebige Permutationen von Buchstaben zusammensetzen läßt, werden sie nach langer Zeit auch einmal auf eine Buchstabenkombination stoßen, die einem sinnvollen Gedicht entspricht. Aber weder bedarf es dazu unendlich vieler Affen, noch unendlich langer Zeit, um einzusehen, daß der Zufall erstaunliche Dinge hervorbringen kann.[135]

Was bedeutet nun die Vielweltenhypothese für die Stellung des Menschen?

Für die *Sinnfrage* ist die Vielweltenhypothese zweifellos ebenfalls enttäuschend, denn gerade das Besondere, die Eigenart unseres Universums, die nach traditioneller Selbsteinschätzung uns Menschen als Krone der Evolution hervorgebracht hat, verschwindet bis zur Unkenntlichkeit in der Vielzahl der die gesamte Realität ausmachenden physikalischen Universen. In Fortsetzung eines Gedankens von Sigmund Freud kann man in der Vielweltenhypothese anstatt eine *Quelle von Sinn* eher eine weitere *mögliche Kränkung* der Eigenliebe des Menschen sehen, die jene geistesgeschichtliche Entwicklung fortsetzt, die mit Kopernikus begonnen hat. Damals mußte der Mensch einsehen, daß sein planetarer Wohnort nicht der Mittelpunkt des Universums ist. Darwin brachte ihm bei, daß er ein Durchgangsstadium in einer langen, sich in die

VII. Feinabstimmung – *woher, wohin, wozu?*

Zukunft fortsetzenden Kette von Evolutionsschritten ist. Freud zeigte ihm mit seiner Psychoanalyse auf, daß der Mensch nicht einmal Herr im Haus seines eigenen Gefühls- und Trieblebens ist, sondern vielmehr von den dunklen Mächten seines Innenlebens in unbeeinflußbarer Weise gesteuert wird.[136]

Die kosmologische Vielweltenhypothese deutet darauf hin, daß auch unser Universum, trotz der Feinabstimmung seiner Konstanten, keine ausgezeichnete Rolle im Gesamtverband der umfassenden Realität spielt, sondern daß wir hier einem *subjektiven Selektionseffekt* ausgesetzt sind, der uns eine besondere Bedeutungshaftigkeit unseres Universums vorspiegelt. Natürlich dürfen wir uns als Menschen darüber freuen, daß zumindest ein Exemplar aus dem gesamten Ensemble von Welten die lebensfreundlichen Anfangs- und Randbedingungen erfüllt, aber es läßt sich aus der berechtigten Genugtuung über unsere Existenz keine metaphysische These über den Sinn und die Rolle dieses unseres Universums ableiten. Die Tatsache, daß unsere Welt zur erkennbaren Teilmenge des gesamten Ensembles gehört, ist eine notwendige Bedingung für unsere Existenz, aber eine besondere Bedeutungshaftigkeit besitzt diese Untermenge aller Welten nicht.

VIII. Leben in einem sinnleeren Universum

So müssen wir denn auch nach dem vorstehenden Hypothesenvergleich der Erklärungen für die Besonderheit unseres Universums konstatieren, daß ein kosmischer Sinn nicht zu fassen ist. Er entschwindet jedesmal, wenn man ihm auf der Spur zu sein scheint. Danach bleibt natürlich die Frage bestehen, wie man es dem Menschen beibringen kann, daß es mit dem objektiven Sinn des Universums nichts auf sich hat. Die Akzeptanz dieser Konsequenz rationaler Erforschung des Universums ist gering, die Strategien zur Umgehung dieser Einsicht sind vielgestaltig, zu stark ist der existenzielle Druck, den Sinn mit intellektuell unredlichen Mitteln zu erzwingen und zuerst sich und dann die Mitmenschen zu täuschen. Konfrontiert mit den enttäuschenden Resultaten der Suche nach dem objektiven Sinn, reagieren viele Zeitgenossen mit resignierendem Trotz und behaupten, daß sie in einer solch trüben Welt nicht leben können. Gerade dieser scheinbaren Konsequenz, daß das Leben sich unter naturalistischer Perspektive nicht lohnt, sei im folgenden entgegengetreten. Die Einsicht in das Fehlen jeglicher permanenten, die Zeiten überdauernden Sinnhaftigkeit entspringt der *kosmologischen Langzeitperspektive* und dem eschatologischen Wissen um den Wärmetod. Dieser Erkenntnis entnehmen wir, daß die Welt unsere Existenz kaum zur Kenntnis nimmt und sich nach unserem Ausscheiden alsbald so verhält, als ob es uns nie gegeben hätte. Niemand zwingt uns jedoch, unser Leben allein vom Blickwinkel des ›Endes aller Dinge‹ zu betrachten.

VIII. Leben in einem sinnleeren Universum

Diese Sehweise hat den Charakter der Wahl eines Bezugssystems, aber eines, das keinen ausgezeichneten Status besitzt. Bertrand Russell hat uns schon vor einiger Zeit ermahnt, uns nicht von der Langzeitperspektive entmutigen zu lassen und statt dessen besser den Kurzzeitblickwinkel einzunehmen:

»Therefore although it is of course a gloomy view to suppose that life will die out... it is not such as to render life miserable. It merely makes you turn your attention to other things«.[137]

Das, worauf wir nach Russell unsere Aufmerksamkeit richten sollen, ist das Erreichbare, der kommende Tag und dessen Möglichkeiten. So hat es schon Epikur gelehrt, und Horaz hat es in die berühmten Worte umgesetzt »dum loquimur fugerit invida aetas: carpe diem quam minimum credula postero«,[138] da wir noch sprechen ist schon entflohen die neidische Zeit, greif diesen Tag, nimmer traue dem nächsten. Dieses vielzitierte Wort von Horaz bedarf der Interpretation. Es ist gelegentlich im Sinne einer völligen Vernachlässigung jeglicher Lebensplanung gedeutet worden; eine Empfehlung, die man niemandem geben mag, da sie das momentane Verschwenden aller Ressourcen einschließen würde. Gemeint ist nur, die Möglichkeiten der Freude, die das Leben bietet, nicht ungenützt zu lassen, nicht auf die unsichere Zukunft zu vertrauen und die Hoffnung, daß diese Gelegenheit noch einmal kommen wird. Das Richten der Aufmerksamkeit auf die Gegenwart bedeutet die Abkehr von der kosmischen Zeit.

Wittgenstein hat es pointiert ausgedrückt: »Wenn man unter Ewigkeit nicht unendliche Zeitdauer, sondern Unzeitlichkeit versteht, dann lebt der ewig, der in der Gegenwart lebt.«[139] Die Betonung der Freude an einer erfüllten Gegenwart läuft in der Philosophie unter dem Thema *Hedonismus*. ἡδονή hat ein breites Bedeutungsspektrum, das von Freude, Vergnügen, Genuß bis zur Sinnenlust reicht. Der ethische Hedonismus hat nach der griechischen Antike, in der er entstand, bedeutende Vertreter unter den englischen Empiristen gefunden. Hobbes und Hume haben ihn verteidigt, und bei Bentham und Mill wird er als Glücksprinzip zu einer Variante des Utilitarismus. Aber bereits in der Antike trennen sich zwei Deutungen von ἡδονή. Aristippos von Kyrene (435-350) hat sich für das Lebensideal der physischen Freude als reichste Glücksquelle ausgesprochen und dafür plädiert, die Lust der Sinne im Leben zu maximieren.[140] Seine lebenspraktische, grundsätzlichen Konfliktsituationen abgeneigte Lebenseinstellung wird aus jener humorvollen Episode deutlich, die Diogenes Laërtius berichtet: Dionysios ließ Aristipp einmal drei weibliche Schönheiten vorführen mit der Aufforderung, sich eine auszuwählen; dieser nahm aber gleich alle drei zu sich mit den Worten: »Auch dem Paris hat es keinen Segen gebracht, *einer* den Vorzug zu geben.«[141] Aus dieser Anekdote können wir entnehmen, daß Aristipp empfiehlt, grundsätzliche Entscheidungen zur Vermeidung tragischer Züge des Lebens zu umgehen. Man muß vom Prinzipiellen und damit auch vom Heroischen Abstand nehmen. Man soll mit lebensklugen Arrangements praktikable Wege finden, konfliktträchtige Entscheidungen zu umschiffen. Lebenstragik gründet eben oftmals im blinden Befolgen von Grundsätzen, die für unüberschreitbar gehalten werden.

VIII. Leben in einem sinnleeren Universum

Aus der gleichen Quelle erfahren wir, daß Aristipp als höchstes Ziel die sanfte, zur Empfindung sich steigernde Bewegung angesehen hat, welche für ihn Lust darstellt, als dessen Gegenbegriff er den Schmerz als rauhe oder ungestüme Bewegung betrachtet. Alles Angenehme ist nach Aristipp auf einer kontinuierlichen Skala angeordnet, er macht also keine kategorialen Unterschiede in bezug auf Typen des Begehrenswerten. Der reine Wegfall der Schmerzen, die bewegungslose Ungestörtheit, ist, anders als bei Epikur, kein erstrebenswertes Ziel.[142] Als Begründung für den Primat der körperlichen Lust führen die Kyrenaiker die schwer abweisbare Evidenz an, mit der sich seit der Kindheit bei uns das Streben zu diesem Zustand aufdrängt. Die erklärungsheischende Frage, *warum* wir diese Empfindungen anstreben, weisen wir als unsinnig ab. Diese kyrenaische Evidenz kann man sich verdeutlichen, wenn man kausale Fragen stellt nach dem Ziel des Begehrens. Einem Verliebten die Frage zu stellen, *warum* er denn unbedingt mit der geliebten Person zusammensein möchte, wird er als unsinnig abweisen oder die Vermutung äußern, daß der Fragesteller niemals dieses evidente Erlebnis gehabt hat. Wesentlich für den positiv empfundenen Seelenzustand ist nach dieser Philosophenschule die *Aktivität*; weder das Sehen oder das Hören noch das Hoffen oder Erinnern an vergangene Erlebnisse sind der aktualen Lustempfindung gleichwertig. Aristipp und die Kyrenaiker wußten natürlich, daß im Leben dem Erlangen ihres höchsten Gutes sich manche Hindernisse entgegenstellen, daß oftmals Unlust und sogar Schmerz in Kauf genommen werden müssen, aber dies besagt eben nur, daß die Glückseligkeit als Gesamtsumme aller emotional positiv getönten Erlebnisse nie vollständig, sondern immer nur punktuell sein kann. Eine rationale Kontrolle des Luststrebens findet insofern statt, als der Weise sich nicht durch seine Gefühle in ausweglose nachteilige Situationen drängen läßt; ein lebenskluger Mensch zügelt seine Wünsche wie ein Reiter sein Pferd, er läßt sich an den Ort bringen, den er sich ausgesucht hat, aber er verhindert, daß das Pferd mit ihm durchgeht.

Der Weise stellt sich auch auf Schmerz ein und läßt sich nicht von unrealistischen Trugvorstellungen verführen. Gerade in bezug auf das »Leben-Können« mit den kontingenten Hindernissen auf dem Weg zu einem zufriedenstellenden lustvollen Dasein können wir heute Lebenden viel von den Kyrenaikern lernen, weil sie in einer Zeit philosophierten, in der das Dogma von der allein seligmachenden transzendenten Sinnhaftigkeit keineswegs internalisiert war. Der Dualismus von Körper und Seele und die persönliche Unsterblichkeit waren damals nicht selbstverständlich, sondern diskutierte Hypothesen unter den Philosophenschulen. Die dem Atomismus verbundenen Denker mußten ihre Lebensregeln ohne Rekursmöglichkeit auf ein Weiterleben nach dem Tod erarbeiten, deshalb sind ihre Ratschläge für uns Heutige so lehrreich.

Epikuros aus Athen (342-271) kam zur Philosophie, da ihm seine Schulmeister keine Auskunft über das Chaos bei Hesiod zu geben vermochten.[143] Seine Lebenseinstellung weist eine wesentlich stärkere theoretische Komponente auf als jene des Aristipp, was sich darin ausprägt, daß er neben den bekannten Sinnengenüssen auch von der »beseligenden Stimmung bei der Erfor-

VIII. Leben in einem sinnleeren Universum

schung der himmlischen Erscheinungen« spricht.[144] Die Kenntnis der Naturzusammenhänge hat bei Epikur auch die Funktion, Angst und Schrecken vor undurchschaubaren Phänomenen zu beseitigen; denn er legt bei aller Betonung der Lustbarkeiten des Lebens auch auf Gemütsruhe und ausgeglichene Stimmung wert. »Erstens darf man aus der Erkenntnis der Himmelserscheinungen... kein anderes Endergebnis erwarten als ungestörte Seelenruhe und feste innere Zuversicht, worauf ja auch sonst alles hinzielt.«[145]

Für Epikur ist also ungestörte Seelenruhe das Ziel des glückseligen Lebens, hierin hat die Lust ihre Bedeutung, denn sie wird benötigt, weil wir ihr Fehlen schmerzlich empfinden.[146]

Als Vehikel zur Überwindung der seelischen Spannungen, zur Wiedergewinnung des fehlenden Gleichgewichts hat die lustvolle Betätigung ihren genuinen Ort. Damit hat sich die Gewichtung, wenngleich nicht die Lebenspraxis gegenüber Aristipp verschoben. Wir müssen in kluger Auswahl den Umgang mit dem lustvollen Leben lernen und mit nüchterner Verständigkeit wählen und meiden.[147] Denn anders als die schicksalsgläubigen Stoiker meinten, weiß der naturkundige Epikureer, daß die Welt durch Notwendigkeit und Zufall regiert wird und unser Wille frei vom fremdbestimmenden Verhängnis ist. In diesem Akt der Selbstbestimmung und Selbstbeschränkung liegt die Weisheit der epikureischen Lehre. Bezüglich des Spielraumes der Aktivitäten, die dem Leben Wert verleihen, denkt Epikur weiter. Er engt ihn nicht auf die dynamistische Form der körperlichen Freude ein, sondern schließt beides, die sinnliche Bewegung und den kontemplativen Ruhezustand, in die Zielvorstellung ein. Seine Ethik ist aber keine Tugendlehre. Wie man die Heilkunst auch nur der Gesundheit wegen zu Rate zieht, so ist die Tugend auch niemals Selbstzweck, sondern nur Weg, um den lustvollen Lebenszustand auf klugem Wege zu erreichen. Wenn man die Ratschläge des Epikur berücksichtigt, sollte man in der Lage sein, nicht nur ein freudvolles, sondern auch ein einsichtsvolles, lobwürdiges und gerechtes Leben zu führen.[148] Man sollte sich auch von der metaphysischen Illusion erlösen lassen, daß der Tod die einzige bedeutungsvolle Sache im Leben sei, wie jene lehren, die allein vom Ende her verängstigt sind.

Ob man nun den reinen Hedonismus des Aristipp sich zum Vorbild nimmt oder den erweiterten vergeistigten Hedonismus des Epikur, von beiden griechischen Lebensformen können wir lernen. Man kann daraus entnehmen, wie eine diesseitige, weder von tradierten moralischen Regeln noch von Fixationen auf transzendente Wesen her blockierte Lebensorientierung aufgebaut werden kann, die in Einklang mit dem positiven Wissen über die Welt einen Wegweiser zur Bewältigung von Kontingenz repräsentiert. Auf Grund seiner Unabhängigkeit von externen Sinnbezügen und seiner immanenten Autonomie kann der Hedonismus gerade heute als lebensphilosophische Option einer naturalistischen Weltsicht gelten.

Bei aller Betonung auf dem unmittelbaren Erleben kommt doch der Vernunft bei der hedonistischen Orientierung eine Leitfunktion zu. Dies hat David Hume später ganz in der kyrenaischen und epikureischen Tradition nochmals betont:

VIII. Leben in einem sinnleeren Universum

»Die Vernunft ist die Sklavin der Leidenschaften; und sie soll es sein und bleiben. Sie kann nie eine andere Rolle beanspruchen, als den Leidenschaften zu dienen und ihnen zu gehorchen«.[149]

Viele Philosophen haben sich über diesen Ausspruch des sonst so kühlen, ausgeglichenen Empiristen entsetzt. Von Spinoza[150] bis Karl Popper[151] plädierten die meisten Denker dafür, die Affekte und Leidenschaften zu bändigen und zu unterdrücken. Aber B. Russell hat uns den richtigen Hinweis gegeben, wie wir Humes Grundsatz verstehen sollen. Die Anwendung der Vernunft beim Glücksstreben des Menschen kann nur bedeuten: »Wahl der richtigen Mittel zu einem erwünschten Zweck. Mit der Wahl der Zwecke hat sie gar nichts zu tun«.[152] Die Zwecke und Ziele sind durch die Strebungen und Leidenschaften des Menschen vorgegeben – er selbst muß den Begriff ἡδονή nach seinem Vermögen ausfüllen, die Rationalität vermag es nur, die in sich blinden Neigungen zu leiten und sie zur Erfüllung zu bringen. Aus hedonistischer Sicht soll die Rationalität also nicht die Leidenschaften dämpfen oder gar eliminieren, sondern die emotionalen Antriebe so lenken, daß ihrem Besitzer und jenen Mitmenschen, auf die sich die Affekte richten, kein Schaden entsteht. Unter der Verwaltung der Vernunft lassen sich auch intensivste Gefühle wirkungsvoller pflegen und steigern, wie man sich am Beispiel der Liebe leicht veranschaulichen kann. Die Vernunft zerstört nichts von dem, was den Menschen in seinem Innersten bewegt, vielmehr kann sie Führungshilfe leisten, um auch den feinsten Strebungen zu ihrer optimalen Erlebnisstärke zu verhelfen. So lautet die Orientierungsempfehlung für die Freunde der naturalistischen Weltsicht, den Tag mit Klugheit und Umsicht zur Vermehrung von Freude zu nutzen. Dann bedeutet ἡδονή Sinn, zwar nicht den großen kosmischen Sinn der eschatologischen Langzeitperspektive, sondern den kleinen terrestrischen Sinn des nächsten Augenblicks.

Fassen wir zusammen:

Wir wissen aus den zahlreichen Reaktionen auf den Verlust von absolutem Sinn und objektiven Werten durch die wissenschaftliche Rationalität, daß der epikureische Weg und der heidnische Hedonismus für die meisten Menschen nach 2000 Jahren christlicher Wertorientierung emotional schwer umzusetzen ist. Zu lange hat man ihnen erzählt, daß die Lebensführung einer außerweltlichen richtunggebenden Instanz bedarf. Damit hat man Hoffnungen, Erwartungen und Visionen geprägt, die sich, durch die Wissenschaft enttäuscht, nicht einfach abbauen lassen. Wer läßt sich so einfach Orientierungen ausreden, die Jahrtausende gegolten haben und die zudem auf die privilegierte Rolle des Menschen abheben als des wertvollsten aller geschaffenen Geschöpfe? Dennoch gibt es wohl keinen anderen Weg, als dem heutigen Skeptiker eine Art *Psychotherapie des Sinnverlustes* zu empfehlen, die ihn darauf vorbereitet, mit der Vergänglichkeit seines Daseins und seiner Rolle als Durchgangsphänomen der kosmischen Entwicklung zu leben.

»Erst wo wir nicht mehr den Anspruch auf die Krone der Schöpfung erheben, weicht das Gefühl der Kränkung

VIII. Leben in einem sinnleeren Universum

durch Wissenschaft, und es schmerzt nicht mehr, bloß ein vergängliches Stück sich um sich selbst bekümmernder organischer Natur zu sein.«[153]

Diese Therapie kann sicher keine herkömmliche Tiefenpsychologie bieten, sondern nur in Reflexionsarbeit vom Einzelnen geleistet werden. So wie wir im persönlichen Leben lernen, Verlust, Erfahrungen der Trennung und des Abschieds von geliebten Menschen zu verarbeiten, so zwingt uns die Wissenschaft dadurch, daß sie alle Spezifika des Menschen in den Naturzusammenhang einordnet, die überdehnten kosmischen Sinnerwartungen abzubauen und auf die uneinlösbaren Wunschvorstellungen der Vergangenheit zu verzichten. Diese grundsätzliche Neuorientierung auf den kleinen irdischen Sinn ist zweifellos der einzige Weg für denjenigen, dem die metaphysischen Versprechungen der Vergangenheit trügerisch erscheinen.

Auf der Suche nach dem Sinn wird also dem Menschen eine Lehre in *Bescheidenheit* erteilt. Er erfährt, wo er in der Ordnung der Dinge steht, und er lernt davon abzusehen, seine anthropomorphen Kategorien auf den Kosmos zu übertragen. Auf der Suche nach dem Sinn wird der Mensch auf sich selbst zurückverwiesen, er darf nicht auf die Führung durch die Welt warten, er muß sich selber seine Ziele setzen und durch die Vernunft leiten lassen, die Erfüllung seiner Ideale zu erstreben. Auf der Suche nach dem Sinn wird der Mensch reifer, unabhängiger und freier, er lernt mit der Kontingenz des Universums umzugehen, und er versöhnt sich mit der Idee, daß dieses nicht auf ihn ausgerichtet ist. Diese Erfahrung macht ihn zuletzt zum *freien Geist*, der nicht dem Nihilismus und der Verzweiflung verfällt, sondern der zum Glück eines erfüllten Daseins geführt wird.

Niemand hat diese Haltung schöner formuliert als Bertrand Russell:

»Ich bin nicht jung und ich liebe das Leben. Aber ich würde es verachten, bei dem Gedanken an die Vernichtung vor Schrecken zu zittern. Das wahre Glück bleibt es auch dann, wenn es ein Ende finden muß, und auch das Denken und die Liebe verlieren nicht ihren Wert, weil sie nicht ewig währen.«[154]

Anmerkungen

1 Wanderer, der Weg sind deine Spuren und nicht mehr. Wanderer, es gibt keinen Weg, der Weg ensteht dort, wo du gehst. Beim Gehen entsteht der Weg und wendet man den Blick zurück, sieht man den Pfad, den man nie wieder betreten wird. Wanderer, es gibt keinen Weg, nur deines Schiffes Spuren auf dem Meer.
2 S. Freud: Brief an Marie Bonaparte vom 13. August 1937. Aus: S. Freud: Briefe 1873-1939. Frankfurt/M.: Fischer, 1960, S. 429
3 P. Neruda: Confieso que he vivido. Memorias. Barcelona 1989
4 A. Flew: Tolstoi and the Meaning of Life. In: Ethics, 73 (1963), S. 110-118
5 P. Edwards: Unglaube, Pessimismus und Sinn des Lebens. In: N. Hoerster (Hg.): Glaube und Vernunft. München: dtv, 1979, S. 287
6 Aristoteles: Nikomachische Ethik 10.7, 1177a
7 A. Schweitzer: Verfall und Wiederaufbau der Kultur. München: Beck, 1941, S. 60
8 J. O. de Lamettrie: Über das Glück oder das höchste Gut (»Anti-Seneca«) hrsg. v. B. A. Laska. Nürnberg: LSR-Verlag, 1985, S. 21
9 D. A. F. Marquis de Sade: Briefe (hrsg. v. G. Lely). Hamburg: Fischer, 1965, S. 121
10 J. O. de Lamettrie: Über das Glück, a.a.O., S. 13
11 K. R. Popper: Selbstbefreiung durch das Wissen. In: L. Reinisch: Der Sinn der Geschichte. 3. Aufl. München: Beck, 1967
12 A. Smith: The Wealth of Nations. Introduction by W. Lett. Wien-London 1975, S. 400
13 B. Kanitscheider: Philosophische Reflexionen über Chaos und Ordnung. In: H.-O. Peitgen / H. Jürgens / D. Saupe: C. H. A. O. S. Bausteine der Ordnung. Berlin: Springer, 1994, S. 633
14 I. Newton: The reasonableness and certainty of the christian religion. London 1700, Book 2/18
15 W. Paley: Natural Theology, 1802. The Works of William Paley, ed. by R. Lyman, London 1925, S. 8
16 D. Hume: Dialogs concerning natural religion, 1799. Ed. by N. K. Smith. New York: Bobbs-Merryl, 1977, Part 8

17 J. J. C. Smart: Our Place in the Universe. New York: Blackwell, 1989, S. 166
18 I. Kant: Kritik der Urteilskraft. § 80
19 Th. H. Huxley: Reden und Aufsätze naturwissenschaftlichen, pädagogischen und philosophischen Inhaltes. Berlin 1977, S. 286
20 R. Dawkins: The blind watchmaker. Harlow: Longman, 1987, S. 43
21 E. Galeano: Memoria del fuego III, El siglo del viento. Madrid: Siglo veintiuno, 1990, S. 9 [Was Gott vereint hat, soll der Mensch nicht trennen]
22 E. Galeano: Las venas abiertas de América Latina. Madrid 1992, S. 41. [Wenn Gott gewollt hätte, daß die beiden Flüsse schiffbar wären, hätte er es schon so eingerichtet] Deutsch »Die offenen Adern Lateinamerikas: Die Geschichte eines Kontinents«. Wuppertal: Hammer, 1992
23 Michael Crichton: Jurassic Park. New York: Alfred A. Knopf, 1990 (Originalausgabe). Deutsch »Dino Park«. München: Knaur, 1991
24 R. Wendorff: Zeitbewußtsein in den Entwicklungsländern. In: R. Wendorff (Hrsg.): Im Netz der Zeit. Stuttgart: Hirzel, 1989, S. 105
25 B. Russell: Zur Genealogie des Unsinns. In: Unpopuläre Betrachtungen. 3. Aufl. Zürich: Europa-Verlag, 1973, S. 81
26 U. Schüklens / D. Mertz: Christliche Kirchen und AIDS. In: E. Dahl (Hrsg.): Die Lehre des Unheils. Hamburg: Carlsen, 1993, S. 263-279
27 Wir verwenden diesen Begriff des Faktums, wohl wissend, daß es nur eine theoriegeleitete Faktizität gibt. Die Welt zerfällt sicher nicht vortheoretisch in diskrete Tatsachen, die wir einfach sammeln können. Dennoch können wir bei hochbestätigten Resultaten der Wissenschaft von Fakten sprechen
28 L. Feuerbach: Grundsätze der Philosophie der Zukunft. Frankfurt am Main: Klostermann, 1967, § 54, S. 109
29 Ch. Darwin: On the Origin of Species by Means of Natural Selection. The Descent of Man and Selection in Relation to Sex.
30 E. Mayer: Die Darwinsche Revolution und die Widerstände gegen die Selektionstheorie. In: I. Herbig / R. Hohlfeld: Die zweite Schöpfung. München: Hanser 1990, S. 44-70

Anmerkungen

31 St. Weinberg: The first three minutes. New York: Basic Books, 1977, S. 148
32 St. Weinberg: Der Traum von der Einheit des Universums. München: Bertelsmann, 1993, S. 265
33 H. Albert: Das Gewißheitsbedürfnis und die Suche nach der Wahrheit. In: F. Schneider / R. Strasser / K. Vodrazka (Hrsg.): Pragmatismus versus Fundamentalismus. Wien: Orac, 1993, S. 11-30
34 Dante Alighieri: Die Göttliche Komödie. Übers. von Philalethes. Berlin, o. J., X,12; XIII, 12-18
35 B. Kanitscheider: Kosmologie. Geschichte und Systematik in philosophischer Perspektive. 2. erw. Aufl. Stuttgart: Reclam, 1991, Kap. 5
36 F. Nietzsche: Zarathustra. Kritische Studienausgabe, hrsg. von: Giorgio Colli und Mazzino Montinari, Band 5. Berlin: de Gruyter und München: dtv, 1988, S. 404
37 A. Camus: Der Mythos von Sisyphos. Ein Versuch über das Absurde. Hamburg: Rowohlt, 1956, S. 9.
38 So gesehen, ist Camus' radikale Alternative ein biologischer Irrtum. (Vgl. E. O. Wilson: Biologie als Schicksal. Berlin: Ullstein, 1980, S. 142)
39 Jean Heidmann: Suche nach außerirdischem Leben. In: H. Völk (Hrsg.): Facetten der Astronomie. Leipzig: J. A. Barth, 1993, S. 126
40 Sextus Empiricus: Grundriß der Pyrrhonischen Skepsis. I,26, Frankfurt 1968, S. 100
41 C. Sagan/A. Druyan: Der Komet. München: Droemer, 1985
42 L. A. Seneca: Naturales questiones Buch VII, hrsg. von P. Oltramare. Paris 1929
43 E. Galeano: Las venas abiertas de América Latina, a.a.O., S. 23
44 Martin Luther: Tischreden, zitiert nach Sagan/Druyan, a.a.O.
45 Diogenes Laërtius: Leben und Meinungen berühmter Philosophen (Übers. v. O. Apelt). Hamburg: Meiner, 1967, X 143, S. 289
46 B. Kanitscheider: Freiheit, Determinismus und Chaos. In: Skeptiker 2 (1993), S. 39-42
47 Roul Finley: Eruption of Mount St. Helens. Natural Geographic, 159, (1981) S. 16
48 K.-H. Deschner: Abermals krähte der Hahn. Eine kritische Kir-

chengeschichte von den Anfängen bis zu Pius XII. Hamburg: Rowohlt, 1978
49 P. Edwards: François-Marie Arouet de Voltaire. In: Encyclopedia of Unbelief, ed. by G. Stein. New York: Prometheus, 1985, S. 713-733
50 G. Stein: Blasphemy Laws. In: Encyclopedia of Unbelief., a.a.O., S. 59-61
51 M. Weber: Wissenschaft als Beruf. In: Gesammelte Aufsätze, Band 7. Tübingen: Mohr, 1988, S. 599
52 Aristoteles: Metaphysik A. 980 a
53 V. E. Frankl: Im Anfang war der Sinn. Von der Psychoanalyse zur Logotherapie. Wien: Deuticke, 1982, S. 41
54 A. Einstein: Science and Religion. In: Nature 146 (1940), S. 605-607
55 A. Einstein, a.a.O., S. 606
56 M. Weber: Wissenschaft als Beruf. a.a.O., 9. Ausg., S. 180
57 I. Kant: Kritik der praktischen Vernunft. Hamburg: Meiner, 1952, S. 186
58 I. Kant, a.a.O.
59 I. Kant, a.a.O.
60 Kants Schrift von 1794 »Das Ende aller Dinge« behandelt noch nicht das materielle Schicksal der Materie zu späten Zeiten, sondern ist in moralischer Absicht geschrieben.
61 J. Loschmidt: Über den Zustand des Wärmegleichgewichts eines Systems von Körpern mit Rücksicht auf die Schwerkraft. Wien, I. Sitzungsbericht der Kaiserlichen Akademie der Wissenschaften. Mathematisch-Naturwissenschaftliche Klasse, 73, II. Abt. (1876), S. 135
62 Dies setzt die heute astrophysikalisch plausible Annahme einer unterkritischen Materiedichte voraus. Sollte die zur Schließung des Universums notwendige dunkle Materie noch gefunden werden, bleibt die Zukunft endlich. Dies würde jedoch nichts an den Zukunftsprospekten ändern, denn die starke Irregularität der gespiegelten Feuerballphase würde keine weitere Epoche des Komplexitätsaufbaus gestatten. (Vgl. B. Kanitscheider: Nietzsches Idee des zyklischen Universums vor dem Hintergrund der heutigen physikalischen Kosmologie. In: J. Albertz (Hrsg.): Kant und Nietzsche –

Anmerkungen 131

Vorspiel einer künftigen Weltauslegung. Wiesbaden: Freie Akademie e. V., 1988, S. 133-155, Schriftenreihe der Freien Akademie, Bd. 8
63 V. Sommer: Lob der Lüge. München: Beck, 1992, S. 9
64 Dieser könnte z. B. mit der Frage konfrontiert werden, ob der Homo sapiens zur Ernährung herangezogen werden darf.
65 E. O. Wilson: Biologie als Schicksal, a.a.O., S. 23
66 Haplodiploidie bedeutet, daß aus unbefruchteten Eiern Männchen enstehen (die nur einen Chromosomensatz haben), aus befruchteten Eiern Weibchen (die zwei Chromosomensätze besitzen).
67 J. D. Barrow/F. Tipler: The anthropic cosmological principle. Oxford: Clarendon, 1986, S. 576
68 M. Gardner: WAP, SAP, PAP & FAP. Rezension zu J. D. Barrow/F. Tipler: The Anthropic Cosmological Principle, in: The New York Review of Books (1986-5-8), S. 22-25
69 J. Pfleiderer: SETI. In: W. Seipel: Mensch und Kosmos. Linz: Grosser, 1990, S. 264-270
70 Zur Einführung in den nicht leicht zu lesenden Philosophen sei die ausgezeichnete Darstellung von F. J. Wetz empfohlen: H. Blumenberg: Zur Einführung. Hamburg: Junius Verlag, 1993
71 H. Blumenberg: Die Sorge geht über den Fluß. Frankfurt: Suhrkamp, 1988, S. 154
72 H. Blumenberg, a.a.O., S. 156
73 H. O. Grüsser/F. Hucho: Streit um die Seele. Aus: Forschung und Medizin, 5 (1990) I, S. 75
74 M. Bunge: From Neuron to Behaviour and Mentation: An Exercise in Levelmanship. In: H. M. Pinsker / W. D. Willis: Information processing in the Nervous System. New York: Raven Press, 1980, S. 1-16
75 K. Grammer: 5alpha–androst-16en-3-alpha–on: a male pheromone. In: Ethology and Sociobiology 14 (1993)
76 Vgl. J. M. und R. J. Davidson: The Psychobiology of Consciousness. New York: Plenum Press, 1980
77 R. Descartes: Tractatus de homine. Übers. von K. E. Rothschuh. Heidelberg: Schneider, 1969
78 I. Kant: Nachwort zur S.-Th.-Soemmering-Schrift »Über das Organ der Seele« (1976). In: Kant's gesammelte Schriften, hrsg. von

der Königl. Preuß. Akad. der Wissensch., Bd. XII. Berlin: de Gruyter, 1922, S. 35

79 Für eine umfassende Übersicht der derzeitigen Diskussion zur Situation vgl. Th. Metzinger: Subjekt und Selbstmodell. Paderborn: Schöningh, 1993

80 H.-E. Bock: Geleitwort. In: I. Oepen (Hrsg.): Unkonventionelle medizinische Verfahren. Stuttgart: G. Fischer, 1993, S. XII

81 Vgl. K. Menzel: Aberglaube in der Heilkunde. In: I. Oepen: a.a.O., S. 17

82 V. Sommer: Lob der Lüge, a.a.O., S. 169

83 R. Eckmiller: Interaktion menschlicher und technischer neuronaler Netze zur globalen Zukunftsvorsorge. Eine extraterrestrische Perspektive. In: O. Molden (Hrsg.): Europäisches Forum Alpbach, 1991

84 J. D. Barrow/F. Tipler: The Anthropic Cosmological Principle. a.a.O., Chap. 10

85 In allerjüngster Zeit hat Frank Tipler den Gedanken der eschatologischen Unsterblichkeit weiter ausgebaut in seinem Werk: Die Physik der Unsterblichkeit. Moderne Kosmologie, Gott und die Auferstehung der Toten. München: Piper, 1994

86 P. C. W. Davies: Why is the physical world so comprehensible? In: H. Zurek (ed.): Complexity, entropy, and the physics of information. Redwood City: Edison Westly Publish. Comp., 1990, S. 61-70

87 Für eine Vertiefung vgl. B. Kanitscheider: Von der mechanistischen Welt zum kreativen Universum. Zu einem neuen philosophischen Verständnis der Natur. Darmstadt: Wissenschaftliche Buchgesellschaft, 1993

88 D. Hilbert: Naturerkennen und Logik. In: Naturwissenschaften 18 (1930), S. 959-963

89 Vgl.: M. Scheler: Die Stellung des Menschen im Kosmos. 7. Aufl. Bern: Francke, 1966, S. 38

90 M. Bunge: Das Leib-Seele-Problem. Ein psychobiologischer Versuch. Tübingen: J. C. B. Mohr, 1984

91 H. Kornhuber: Geist und Freiheit als biologische Probleme: In: Die Psychologie des 20. Jahrhunderts. Zürich 1978, Bd. 6, S. 1112-1130

Anmerkungen 133

92 M. de Unamuno: Del sentimiento trágico de la vida. Madrid 1913, Kap. 1
93 E. O. Wilson: Religion – Eine List der Gene. In: E. Dahl (Hrsg.): Die Lehre des Unheils. Hamburg: Carlsen, 1993, S. 84-107
94 S. Freud: Die Zukunft einer Illusion. In: S. Freud: Gesammelte Werke, Band 14, Werke aus den Jahren 1925-1931. Frankfurt: Fischer, 1963, S. 325-380
95 S. Freud: Die Zukunft einer Illusion, a.a.O., S. 355
96 H. Albert: Das Gewißheitsbedürfnis und die Suche nach Wahrheit. In: F. Schneider/R. Strasser/K. Vodrazka (Hrsg.): Pragmatismus versus Fundamentalismus, a.a.O.
97 H. Albert, a.a.O., S. 27
98 Einer der wenigen Theologen, die bei der Sinnfrage völlige Offenheit in bezug auf den Erfolg der Suche zugestehen, ist Albert Schweitzer: »Wenn das Denken sich auf den Weg macht, muß es auf alles gefaßt sein, auch darauf, daß es beim Nichterkennen anlangt. Aber selbst wenn es unserem Willen zum Wirken beschieden sein sollte, endlos und erfolglos mit der Nichterkenntnis des Sinnes der Welt und des Lebens ringen zu müssen, so ist diese schmerzliche Ernüchterung für ihn dennoch besser als das Verharren in Gedankenlosigkeit.« (A. Schweitzer: Verfall und Wiederaufbau der Kultur. München: C. H. Beck, 1941, S. 65). In dieser revisionistischen Auffassung scheinen ihm wenige christliche Denker gefolgt zu sein.
99 M. de Unamuno: Mi Religión y otros ensayos breves. In: Colección Austral 8. Aufl. Madrid 1986, S. 149
100 B. Kanitscheider: Naturalismus und wissenschaftliche Weltorientierung. LOGOS, neue Folge 1 (1993)
101 L. A. Seneca: Ad Martiam de consolatione 19,4, übers. v. A. Th. Lang. Darmstadt: Wissenschaftliche Buchgesellschaft, 1971
102 L. Wittgenstein: Tractatus logico philosophicus. 6.4311
103 L. Wittgenstein: Tractatus logico philosophicus. 6.521
104 L. Wittgenstein: Tractatus logico philosophicus. 6.41
105 Titan gilt als »frühbiologischer« Planet, auf dem eine Stickstoffatmosphäre von 1,5 bar bei einer Temperatur von $-180\,°C$ vorhanden ist. Im Cassini-Huygens-Raumfahrtprojekt ist geplant, im Jahre 2004 auf dem Titan sanft zu landen.

106 Der Hauptgrund für das Vorherrschen von Kohlenstoff-Leben ist wohl, daß die C-C-Bindungen doppelt so stabil sind wie die Si-Si-Bindungen, d. h. Moleküle auf C-Basis sind einfach haltbarer als Moleküle auf Si-Basis (G. B. Field/G. L. Verschnur/C. Ponnamperuma: Cosmic Evolution. Boston: Haughton Mifflin, 1978, S. 330)
107 J. Gribbin/M. Rees: Cosmic Coincidences, Dark Matter, Man Kind and Anthropic Cosmology. New York: Bantam Books, 1989
108 J. Leslie: Universes. London: Routledge, 1989, S. 13
109 J. D. Barrow: Patterns of Explanation in Cosmology. In: F. Bertola/V. Curi (Hrsg.): The Anthropic Principle. Cambridge: UP, 1993, S. 1-16
110 Für weitere Details vgl. John Leslie: Universes, a.a.O., Chap. 2. The evidence of finetuning
111 F. Dyson: Innenansichten. Boston: Birkhäuser, 1981, S. 266
112 J. Gribbin/M. Rees: Cosmic Coincidences, Dark Matter, Man Kind and Anthropic Cosmology, a.a.O. S. 10
113 G. Vollmer: Kann es von einmaligen Ereignissen eine Wissenschaft geben? In: G. Vollmer: Was können wir wissen? Bd. 2 Stuttgart: Hirzel, 1986, S. 53-65
114 J. Leslie: Universes, a.a.O., S. 10
115 St. Weinberg: Der Traum von der Einheit des Universums. München: Bertelsmann, 1993, S. 230
116 St. Weinberg, a.a.O., S. 236
117 W. L. Craig: »What Place then for a Creator?«: Hawking on God and Creation. In: Brit. J. Phil. Sci. 41 (1990), S. 473-491
118 Vorbeschleunigung bedeutet, daß die Beschleunigung eines Teilchens ein winziges Zeitintervall vor der Wirkung der Kraft auf dasselbe einsetzt.
119 Retrokausalität meint, daß eine Wirkungskette von der Zukunft in die Vergangenheit läuft.
120 J. Earman: Causality. A Matter of Life and Death. In: Journ. of Philosophy 37 (1976), S. 5-25
121 J. Leslie: Universes, a.a.O., S. 165
122 W. V. O. Quine: Word and Object. 8. Aufl. Cambridge (Mass.): The M. I. T. Press, 1973, S. 243
123 W. V. O. Quine fordert als unabdingbar von einem Objekt, daß klar ist, wie viele Exemplare davon in einem bestimmten Bereich vorhan-

Anmerkungen

den sind. Diese Forderung läßt z. B. keine *möglichen* Gegenstände zu, da niemand entscheiden kann, z. B. wieviel »mögliche dicke Männer« in einer Türfüllung Platz haben. Dies gilt auch für alle abstrakten Entitäten wie Allgemeinbegriffe, Werte, Denkmöglichkeiten, sie alle können keine vernünftige Dingwelt aufbauen.

124 D. Føllesdal: Meaning and Experience. In: S. Guttenplan (ed.): Mind and Language. Oxford: Clarendon, 1975, S. 254
125 J. A. Wheeler: Bits, Quanta, Meaning. In: A. Giovannini et al. (ed.): Caianello Celebration Volume 1984
126 Die Überlagerung verschiedener klassisch einander ausschließender Möglichkeiten ist eine typische Charakteristik quantenmechanischer Zustände.
127 M. Bunge: Treatise on Basic of Philosophy. Dordrecht: Reidel, 1974
128 Für eine detaillierte Analyse vgl. A. Flew: God, a critical enquiry. LaSalle (Ill.): Open Court, 1984
129 D. W. Sciama: The Anthropic Principle and the Non-Uniqueness of the Universe. In: F. Bertola/V. Curi: The Anthropic Principle. Cambridge: UP, 1993, S. 107
130 H. Everett III: ‹Relative state› formulation of quantum theory. In: Rev. Mod. Phys. 29 (1957), S. 463-465
131 J. A. Wheeler: From Relativity to Mutability. In: J. Mehra (ed.): The Physicist's Conception of Nature. Dordrecht: Reidel, 1973
132 A. D. Linde: The universe: inflation out of chaos. In: New Scientist 7, March 1985, S. 14-18
133 J. D. Barrow: Die Entwicklung des Universums. In: E. Sens (Hrsg.): Am Fluß des Heraklit. Neue kosmologische Perspektiven. Frankfurt/Leipzig: Insel Verlag, 1993, S. 44-70
134 Diese qualitative geometrische Eigenschaft drückt aus, wie man die Punkte eines Körpers verbinden kann. So haben Kreis und Rechteck gleichen, aber Kreis und Brezel verschiedenen Zusammenhang.
135 J. Leslie: Universes, a.a.O., S. 14
136 S. Freud: Vorlesungen zur Einführung in die Psychoanalyse. In: S. Freud, Studienausgabe Bd. 1, hrsg. von: A. Mitscherlich et al., Frankfurt: Fischer, 1969, S. 284
137 B. Russell: Why I am not a Christian? New York: Simon & Schuster, 1957, S. 11

138 Horaz: Oden I, 11,8

139 L. Wittgenstein: Tractatus. 6.4311

140 Diogenes Laërtius: Leben und Meinungen berühmter Philosophen, a.a.O., II, 66

141 Diogenes Laërtius: Leben und Meinungen berühmter Philosophen, a.a.O., II, 66, S. 92

142 Diogenes Laërtius: Leben und Meinungen berühmter Philosophen, a.a.O., II,85

143 Diogenes Laërtius: Leben und Meinungen berühmter Philosophen, a.a.O., Buch X

144 Epikur: Brief an Herodot. Diogenes Laërtius X,78, a.a.O., S. 259

145 Epikur: Brief an Pythokles. Diogenes Laërtius X,86, a.a.O., S. 263

146 Epikur, a.a.O., X,128

147 Epikur, a.a.O., X,132

148 Epikur, a.a.O., X,140

149 D. Hume: A Treatise of Human Nature, 1739-1740. Buch II. Ed. by L. A. Selby-Bigge. Oxford: Clarendon, 1988, S. 415

150 B. de Spinoza: Ethik Buch V, Prop. III

151 K. R. Popper: Wie ich Philosophie sehe. In: G. Lührs et al.: Theorie und Politik aus kritisch-rationaler Sicht. Berlin: Dietz, 1978, S. 1-16

152 B. Russell: Dennoch siegt die Vernunft: Der Mensch im Kampf um sein Glück. Bonn 1956, S. 8

153 F. J. Wetz: Die Gleichgültigkeit der Welt. Frankfurt: Knecht, 1994, S. 34

154 B. Russell: Warum ich kein Christ bin. Hamburg: Rowohlt, 1968 Zitat auf Schutzumschlag

Zu dieser Ausgabe

insel taschenbuch 1748
Bernulf Kanitscheider
Auf der Suche nach dem Sinn

Dieses Buch erscheint als Originalausgabe 1995 im Insel Verlag
Frankfurt am Main und Leipzig.

Sachbücher im insel taschenbuch

Friedrich Cramer   Chaos und Ordnung
Die komplexe Struktur des Lebendigen
Mit zahlreichen Abbildungen
insel taschenbuch 1496

Natur ist keineswegs nur Ordnung, die Vorstellung des durch und durch geregelten Kosmos ist erschüttert. Alles Lebendige bewegt sich auf dem schmalen Grat zwischen Chaos und Ordnung. Diese Polarität gehört heute zu den wichtigsten Fragen der Wissenschaft. Cramers Buch beschreibt das neue Paradigma in der Anwendung auf zahlreiche Disziplinen.

Fred Alan Wolf   Körper, Geist und neue Physik
Eine Synthese der neuesten Erkenntnisse von Medizin
und moderner Naturwissenschaft
insel taschenbuch 1497

Die klassische Physik eines Galilei und Newton hat auch die Mechanik des menschlichen Körpers verständlich gemacht. Doch erst die Quantenphysik versetzt uns in die Lage, den letzten Geheimnissen des Lebens ein Stück näherzukommen. Der amerikanische Physiker F.A. Wolf vermittelt neue Einsichten in den Zusammenhang von Geist und Materie, Seele und Körper.

Richard M. Bucke   Kosmisches Bewußtsein
Zur Evolution des menschlichen Geistes
insel taschenbuch 1498

R.M. Bucke hat mit diesem Buch auf dem Gebiet der Bewußtseinsforschung und Tiefenpsychologie innovativ gewirkt. Auf nüchtern-sachliche Weise beschreibt Bucke Möglichkeit und Wirklichkeit einer Bewußtseinsveränderung und untersucht zahlreiche historische Fälle.

Der Geist im Atom
Eine Diskussion der Geheimnisse der Quantenphysik
Herausgegeben von P.C. Davies und J.R. Brown
insel taschenbuch 1499

Anlaß dieses Buches waren die Experimente von Alain Aspect in Frankreich, die neues Licht auf die Debatte zwischen Niels Bohr und Albert Einstein warfen. Julian Brown und Paul Davies interviewten führende Physiker, die einen besonderen Anteil an der Entwicklung der Quantentheorie haben. Eine klare und knappe Einführung erläutert die Grundlagen der Quantentheorie, ihre Rätsel und Paradoxa sowie ihre unterschiedlichen philosophischen Deutungen.

Anthony Zee   Magische Symmetrie
Die Ästhetik in der modernen Physik
insel taschenbuch 1501

Die theoretische Physik der Gegenwart richtet ihren Blick in immer stärkerem Maße auf den Entwurf eines einfachen und umfassenden Konstruktionsplans unserer Welt. Bei der Suche nach diesen elementaren Strukturen hat die moderne Physik erkannt: Die Natur gehorcht prinzipiell denselben Gesetzen wie die Ästhetik; besonders Formen der Symmetrie finden sich in den Bausteinen der Natur ebenso wie in der Kunst.

James Lovelock   Das Gaia-Prinzip
Die Biographie unseres Planeten
insel taschenbuch 1542

Inzwischen ist die Gaia-Theorie auch in Deutschland anerkannt. Dazu hat das weltweit Aufsehen erregende Buch von James Lovelock erheblich beigetragen. Denn er ist der Begründer dieses neuen Paradigmas der Geologie und Biologie, der Erdbetrachtung insgesamt. Auf dem Spiel steht heute die Gesundheit der Erde. Das Gaia-Prinzip eröffnet neue Perspektiven und neue Chancen für uns alle.

Ian Stewart   Spielt Gott Roulette?
Uhrwerk oder Chaos
insel taschenbuch 1543

Chaos »ist inzwischen eines der meistdiskutierten Phänomene der gegenwärtigen Mathematik«. Stewart zeigt, daß dieser neuen Mathematik ein großer Teil der Natur entspricht, daß die Welt der Dynamik sich noch immer unseren Berechnungen entzieht. Spielt Gott also Roulette mit unserer Welt – oder spielt er ein tiefsinnigeres Spiel, dessen Regeln wir nur noch nicht verstanden haben?

Ervin Laszlo   Wissenschaft und Wirklichkeit
insel taschenbuch 1570

Ein großer Versuch, das wissenschaftliche Verständnis der grundlegenden Bereiche unserer Wirklichkeit – Materie, Geist und Leben – neu darzustellen. Laszlo zeigt, daß solches Verständnis immensen Problemen gegenübersteht: Rätseln, die im Gewebe der wissenschaftlichen Weltsicht bleibende ›schwarze Löcher‹ bilden. Diese Herausforderung treibt führende Wissenschaftler zu einer anderen Wirklichkeitsauffassung, zu einer neuen Sicht, die sich vom gegenwärtigen Konzept ebenso grundlegend unterscheiden könnte wie die mechanistische Physik von der Physik des 20. Jahrhunderts.

John Gribbin/Martin Rees   Ein Universum nach Maß
Bedingungen unserer Existenz
insel taschenbuch 1579

Eine aktuelle Einführung in die Grundfragen der Kosmologie, zur Entstehung des Universums ebenso wie zur Theorie der ›schwarzen Materie‹, zu den physikalischen Gesetzen des Kosmos und zur Entwicklung des Lebens. Fesselnd geschrieben und für jedermann verständlich, macht dieses Buch dem Leser deutlich, was in der Astrophysik zur Erkenntnis geworden ist: »Unser« Universum ist ein Universum nach Maß für die Menschheit, und es ist das einzig denkbare, in dem wir existieren können.

Mircea Eliade   Kosmos und Geschichte
Der Mythos der ewigen Wiederkehr
insel taschenbuch 1580

Der »historische (moderne) Mensch« sieht sich als Schöpfer der Geschichte, während der »Mensch der archaischen Kulturen« die Geschichte abgewehrt hat, indem er alles Historische in ein System von Mythen und Archetypen einordnete. Alles Geschehen im Leben des Individuums wie der Gemeinschaft hat auf diese Weise selbst teil an einem Urbild, ja wird selbst Teil einer überzeitlichen Gegenwart. Dadurch erhält es seinen Wert: Das »Chaos« wird zum »Kosmos«, »Geschichte« zur »Wirklichkeit« beispielhafter Vorbilder. *Kosmos und Geschichte* gehört zu Mircea Eliades bahnbrechenden Arbeiten.

John Gribbin   Unsere Sonne
Ein rätselhafter Stern
insel taschenbuch 1662

John Gribbin berichtet in einem leicht verständlichen und lebendigen Stil, der ihn zu einem der erfolgreichsten Wissenschaftsautoren unserer Zeit werden ließ, über die Geschichte der Sonnenforschung und macht den Leser mit den gegenwärtigen Problemen der Forschung bekannt – mit einer Materie, die auch im Zeitalter von Computer und Raumsonden mehr Rätsel als Lösungen aufzuweisen scheint.

Gribbin, John / Mary Gribbin   Kinder der Eiszeit
Beeinflußt das Klima die Evolution des Menschen?
insel taschenbuch 1676

Eine aufregende Geschichte des Erdklimas, vom Präkambrium bis zum Holozän: die geologischen, biologischen und chemischen Bedingungen und Konsequenzen für unseren Planeten und seine Bewohner.

Robert Wesson Chaos, Zufall und Auslese in der Natur
insel taschenbuch 1684

»So materialreich, prägnant und übersichtlich wie in Wessons Buch *Chaos, Zufall und Auslese in der Natur* ist die Notwendigkeit neuer Ansätze für das Verständnis evolutionärer Dynamik auf allen Ebenen der Entwicklung bisher kaum demonstriert worden.«
(Frankfurter Allgemeine Zeitung)

»... ein fundiertes, verständlich und mitreißend geschriebenes Plädoyer gegen die Denkfaulheit und für die Offenheit gegenüber Komplexität.«
(Süddeutsche Zeitung)

Kristen Rohlfs Einführung in die Astronomie
insel taschenbuch 1701

Die Astronomie liefert Ergebnisse, die die Grenze zur Science-fiction gelegentlich zu sprengen scheinen. Wer kann sich schon ernsthaft vorstellen, daß das Universum durch einen Urknall entstanden sein soll oder daß schwarze Löcher durch das All rasen, die alles, auch das Licht, ohne Überreste schlucken?
Der Physiker Kristen Rohlfs stellt die Wissenschaft der Astronomie in all ihren Teilbereichen auch für den naturwissenschaftlich nicht ausgebildeten Leser verständlich dar: Einführung, geschichtlicher Abriß und Nachschlagewerk für alle, die sich in die faszinierende Wissenschaft Astronomie einlesen wollen.

Robert Shapiro Der Bauplan des Menschen
Die Genforschung enträtselt den Code des Lebens
insel taschenbuch 1709

Nach dem Apollo-Projekt ist dies die größte wissenschaftliche Herausforderung, der sich die westlichen Industrienationen stellen. Das menschliche Genom, das komplette Erbgut des Homo sapiens, wird erforscht. Krebs und Dutzende anderer schwerer Krankheiten sollen dann heilbar werden oder gar nicht erst entstehen können - Gottes Bauplan für den Menschen soll endgültig enträtselt werden. Zum ersten Mal berichtet ein Insider über das größte Gen-Forschungsprojekt der Welt, in dem soviel Versuchung und Verheißung steckt.

Daniel J. Kevles und Leroy Hood (Hg.) Der Supercode
Die genetische Karte des Menschen
insel taschenbuch 1721

Schon für Ende der neunziger Jahre kündigen Genforscher Erbgut-Tests für Embryos an, die nicht nur künftige Talente vorhersagen werden, sondern auch die Risiken für Erbkrankheiten, die Anfälligkeit für Krebsleiden, Herzinfarkt und vieles andere. Alte Träume von der Manipulation des Menschen werden wach. Aber ist dieses Wissen wünschenswert? Kann es nicht lebenslange Angst auslösen? Und wird es nicht mißbraucht werden können? Führende Wissenschaftler schildern die Methoden und Anwendungsgebiete der Gentechnik, die Verheißungen ebenso wie die Gefahren dieses gigantischen Forschungsprojekts der Jahrtausendwende.